葡萄牙史诗巨匠

卡蒙斯

徐亦行　王佳飞————著

华中科技大学出版社
http://www.hustp.com
中国·武汉

图书在版编目（CIP）数据

葡萄牙史诗巨匠：卡蒙斯 / 徐亦行，王佳飞著．——武汉：华中科技大学出版社，2021.7
（阅读世界文学巨匠系列）
ISBN 978-7-5680-7289-2

Ⅰ．①葡… Ⅱ．①徐… ②王… Ⅲ．①卡蒙斯（Camoes, Luis 约1524—1580）－生平事迹 Ⅳ．① K835.525.6

中国版本图书馆 CIP 数据核字 (2021) 第 119134 号

葡萄牙史诗巨匠：卡蒙斯　　　　　　　　　　　　　徐亦行　王佳飞　著
Putaoya Shishi Jujiang: Camōes

策划编辑：亢博剑　伊静波　孙念
责任编辑：孙　念
责任校对：李　琴
责任监印：朱　玢
封面设计：

出版发行：华中科技大学出版社（中国·武汉）　　电话：（027）81321913
　　　　　武汉市东湖新技术开发区华工科技园　　邮编：430223
印　　刷：湖北新华印务有限公司
开　　本：880mm × 1230mm　1/32
印　　张：7.75
字　　数：171 千字
版　　次：2021 年 7 月第 1 版第 1 次印刷
定　　价：35.00 元

本书若有印装质量问题，请向出版社营销中心调换
全国免费服务热线：400-6679-118 竭诚为您服务
版权所有　侵权必究

序

文明互鉴 求同存异

曾几何时,迫于泰西的坚船利炮和千年未有之大变局,洋务运动开启了改良的滥觞。但囿于技不如人,且非一朝一夕可以赶超,一些仁人志士又被迫转向上层建筑和世道人心。及至"百日维新",新国家必先新风气、新风气必先新文学被提上日程。这也是五四运动借文学发力,"别求新声于异邦"的主要由来。

是以,从古来无史、不登大雅的文学着手,着眼点却在改天换地:梁启超发表《论小说与群治之关系》等檄文,陈独秀、瞿秋白、鲁迅、胡适等前赴后继,文学革命蔚然成风,并逐渐将涓涓细流汇聚成文化变革的浩荡大河。

用习近平总书记的话说,"文化是一个国家、一个民族的灵魂。文化兴国运兴,文化强民族强。没有高度的文化自信,没有文化的繁荣兴盛,就没有中华民族伟大复兴。"而文学始终是狭义文化的中坚。因此,习近平总书记历来高度重视文学发展和文明互鉴,《在文艺工作座谈会上的讲话》发表后不久,又提出了"不忘本来,吸收外来,面向未来",此乃大同精神所自也、最大公约数所由也。如是,"建设文化强国"写进了我国的"十四五"规划,这不仅彰显了文化自信,而且擢升了文化强国的动能。

一

《周易》云:"观乎天文,以察时变;观乎人文,以化成天下。"所谓人文化成,文化在中华传统思想中几乎是大道的同义词。且说中国特色社会主义文化源自中华民族五千年文明历史所孕育的优秀传统。创造性继承和创新性发展传统文化不仅是民族生生不息的精神命脉,而且也是涵养社会主义核心价值观的源头活水,更是我们在世界文化激荡变幻中站稳脚跟的坚实基础。同时,海纳百川地吸收世界优秀文化成果不仅是不同国家和人民之间交流的需要,也是提升个人修养的妙方。所谓"他山之石,可以攻玉",早在汉唐时期,兼收并蓄、取长补短便是中华文化、中华民族繁荣昌盛的不二法门。

前不久,习近平总书记又在《治国理政》第三卷中明确提出,"我将无我,不负人民"。多么令人感奋的誓言!这是对"天下为公"和"为人民服务"思想的现实阐发,也让我想起了老庄思想中遵循"天时""人心"的原则。由是,人类命运共同体理念尊崇最大公约数:除基本的民族立场外,还包含了世界各民族自主选择的权利。这是两个层面的最大公约数,与之对立的恰恰是不得人心的单边主义和霸权主义。

作为人文学者，我更关注民族的文化精神生活。诚所谓"有比较才能有鉴别"，中华文化崇尚"穷则独善其身，达则兼济天下"，乐善好施、谐和万邦；同时，中华文化又提倡天人合一、因地制宜。当然，中华文化并非一成不变，更非十全十美。因此，见贤思齐、有容乃大也是我们必须坚持的基本信条之一，反之便是闭关自守、夜郎自大所导致的悲剧和苦果。当前，我国文化与世界各国文化的交流方兴未艾，学术领域更是百花齐放，呈现出前所未有的多样性和丰富性。这充分显示了我国的开放包容和建构人类命运共同体的美好愿景。自"百日维新"和五四运动以降，我国摒弃了文化自足思想，从而使"西学东渐"达到了空前的高度。具体说来，二百年"西学东渐"不仅使我们获得了德先生和赛先生，而且大大刺激了我们麻木已久的神经。于是，马克思主义、人道主义、女权主义、生态思想等众多现代文明理念得以在中华大地发扬光大。

西方的崛起也曾得益于"东学西渐"。设若没有古代东方的贡献，古希腊罗马文化的发展向度将不可想象，"两希文明"也难以建立。同样，在中古时期和近代，如果没有阿拉伯人通过"百年翻译运动"给西方带去东方文明成果（其中包括我国的"四大发明"），就没有文艺复兴运动和航海大发现。

总之，丰富的文化根脉、无数的经验教训和开放包容的心态不仅使中华民族在逆境中自强不息，而且自新中国成立，尤其是改革开放和新时代以来，也益发奠定了国人求同存异的民族品格。

二

人说不同民族有不同的文化，后者就像身份证。而我更乐于用基因或染色体比喻文化。大到国家民族，小至个人家庭，文化是精神气质，是染色体，是基因。它决定了各民族在国际交往中既有发展变化，又不易被淹没的活的魂灵。

如今平心而论，我们依然是发展中国家。硬件上尚有不少"卡脖子"的问题，软件和细节方面就更不必说。我们需要向西方学习和借鉴的地方还有很多。而文学艺术不仅是世道人心的载体，也是文明互鉴中不可或缺的航标。

前辈钱锺书先生一直相信"东海西海，心理攸同；南学北学，道术未裂"。古人则有"夫以铜为镜，可以正衣冠；以史为镜，可以知兴替；以人为镜，可以明得失"之谓。人需要借镜观形、换位思考、取长补短，民族、国家亦然。

有鉴于此，我真诚地祝愿阅读世界文学巨匠系列丛书顺利出版，祈中华文化在吐故纳新、温故知新、不断鼎新中"苟日新，日日新，又日新"。

中国社会科学院学部委员，外国文学研究所原所长，
中国外国文学学会会长，第十二、十三届全国政协委员
陈众议

匿名的共同体与"回家的召唤"

24年前,费孝通先生首次提出文化自觉的概念,包含着两层意思:首先,要对自己的文化追根溯源、把握规律、预示未来;其次,不断与异文化交流并尊重差异,携手共同发展。这一概念的提出时值全球一体化之初,借由他者体认自我的意识不可谓不高瞻远瞩。

今时今日,我们说不同文明之间要平等对话、交流互鉴、相互启迪,前提便是高度的文化自觉:知自我从何而来、到何处去,知不同于我者为差异及补充。

但具体而言,自我体认如何与他者相关?可试从我熟悉的翻译说起。

几近一百年前,1923年,自称"在土星的标志下来到这个世界"的本雅明将法国诗人波德莱尔的《巴黎风貌》译为德文,并撰写了译序,题为《译者的任务》。在这篇译序中,本雅明谈翻译,实际上也在谈认知及语言。明面上,本雅明主要阐述了三个问题:

其一，文学作品是否可译；其二，如果原作者不为读者而存在，我们又如何理解不为读者而存在的译作；其三，翻译的本质为何。

为此，本雅明打了一个比方。他将文字比作树林，将作者看作入林的行路者，而译者则是林外纵观全局、闻语言回声之人。文学作品如若绕圈打转，所及无非枯木，向上无以萌芽刺破天空，向下无根系网织土壤、吸收营养、含蓄水分，又何来可译的空间？可译不可译的问题便化为有无翻译的空间及价值的判断。文林呼唤作者入内，作者受了文林的吸引而非读者的呼唤，而文林又非无动于衷的死物，始终在生长、变化，身于林外的译者眼见这一错综复杂的变迁，所领略的只能是变化的共同体——原作"生命的延续"，也非读者的期待。翻译，便是无可奈何地眼见原作的变化、语言间的差异，"在自身诞生的阵痛中照看原作语言的成熟过程"，真正的翻译，因为表现出语言的变化以及不同语言之间的互补关系，自然流露出交流的渴望。

若非差异，若非差异构建的空间广阔，若非差异空间的变化与生长之永恒，何夹交流之必要，又何谈翻译？

四十多年后，法国作家布朗肖批判性地阅读了本雅明的《译者的任务》，写下了《翻译》一文。布朗肖说，翻译确实可贵，文学作品之所以可译，也的确因为语言本身的不稳定性与差异，"所有的翻译栖息于语言的差异，翻译基于这一差异性，虽然从表面看似乎消除了差异"。但是，作为母语的他者，外语唤醒的不仅仅是我们对差异的感知，更重要的，还有陌生感。对于我们早已习以为常的母语，因为外语的比对，我们竟有如身临境外偶然听到母语一般，忽然之间竟有一种陌生的感觉，仿佛回到了语言创造之初，触及创造的土壤。

20世纪20年代，德国作家本雅明阅读、译介法国作家波德莱尔，写下了世界范围内影响至深的《译者的任务》。20世纪70年代，法国作家布朗肖批判性阅读德国作家兼翻译家本雅明的《译者的任务》，写下《翻译》，影响了一代又一代后现代主义的代表人物。可见，翻译不仅从理论上，更是在有血有肉的实践中解释并促进着跨文化的交流与不同文明的互鉴。

文之根本，在于"物交杂"而变化、生长，文化之根本在于合乎人类所需又能形成精神符号，既可供族群身份认同，又可以遗产的方式薪火相传。简单说，文化更似一国之风格。"阅读世界文学巨匠"系列丛书，具有启迪性的力量，首辑选取了10国10位作家，有荷马（希腊文）、塞万提斯（西班牙文）、但丁（意大利文）、卡蒙斯（葡萄牙文）、歌德（德文）、雨果（法文）、普希金（俄文）、泰戈尔（孟加拉文）、马哈福兹（阿拉伯文）、夏目漱石（日文）——一个个具有精神坐标价值的名字，撑得起"文学巨匠"的名头，不仅仅因为国民度，更因为跨时空的国际影响。我们的孩子从小便从人手一本的教科书或课外读物中熟悉他们的名字与代表性作品，从某种程度上来说，他们的风格似乎代表了各国的风格。当哈罗德·布鲁姆谈文学经典所带来的焦虑时，同时表达着文化基因的不可抗拒性。进入经典殿堂的作品及作家，表现、唤醒并呼唤的正是典型的文化基因。当我们比对普希金、歌德、夏目漱石、泰戈尔及其作品时，比对的更像是俄罗斯、德国、日本、印度及其精神、文化与风骨。伟大的作品往往没有自己的姓名，匿名于一国的文化基因，似乎将我们推向文化诞生之初，让我们更接近孕育的丰富与创造的可能。在这一基础上，如上文所说，作为文化的他者，他国的文学巨匠将唤醒我们对于自身文化的陌生感，让我们离文化的诞生之地又进了一步。

至于文明，则是社会实践对文化作用的结果，作为一国制度及社会生活成熟与否的尺度及标准，不同文明有着各自更为具体的历史、人文因素与前行的目标。尊重文化间的差异，鼓励不同文化的平等对话与交流互鉴，既是文明的表现，更是文明进一步繁荣的条件。差异构建的多元文明相互间没有冲突，引发冲突的是向外扩张的殖民制度与阶级利益，极力宣扬自我姓名甚至让其成为法令的也是殖民制度与阶级利益，而非文明。24年前，费孝通先生所畅想的美美与共的人类共同体，便是基于文明互鉴的匿名的共同体。

差异与陌生引领我们步入的并非妥协与殖民扩张之地，而是匿名于"世界"与"国际"的共同体。

我们试图从翻译说起，谈他者之于文化自觉与文明互鉴的重要性，也谈经典之必要，翻译之必要，因为正如本雅明所说，"一切伟大的文本都在字里行间包含着它的潜在的译文；这在神圣的作品中具有最高的真实性。《圣经》不同文字的逐行对照本是所有译作的原型和理想。"而今，摆在我们面前的这套丛书，集翻译、阐释、文化交流与文明互鉴为一体，因为更立体的差异与更强烈的陌生感，或许可以成为作品、文化与文明创造性的强大"生命的延续"。

最后,仍然以本雅明这一句致敬翻译、文化交流与文明互鉴的努力:有时候远方唤起的渴望并非是引向陌生之地,而是一种回家的召唤。

浙江大学文科资深教授、中国翻译协会常务副会长
许钧
2021 年 4 月 7 日于南京黄埔花园

CONTENTS

目 录

导言　为什么今天我们还要读卡蒙斯？… 001
　　　　卡蒙斯之于其所在民族或者语言世界的文学… 005
　　　　卡蒙斯之于世界文学… 016

PART 1　卡蒙斯的一生… 023
　　　　卡蒙斯的生平… 025
　　　　卡蒙斯所处的时代… 030

PART 2　卡蒙斯代表作导读… 039
　　　　《卢济塔尼亚人之歌》：人之时代的赞歌… 041
　　　　《诗韵》：爱情、大自然与变化… 171

PART 3　卡蒙斯与东方… 193
　　　　前往东方的缘由… 195
　　　　卡蒙斯在东方… 196
　　　　关于澳门问题的学界讨论… 199

PART 4　卡蒙斯经典名段选摘… 203

　　　　结语… 231

导言

为什么今天我们还要读卡蒙斯?

路易斯·瓦斯·德·卡蒙斯（Luíz Vaz de Camões），又译贾梅士，被公认为葡萄牙历史上最伟大的诗人。其所作史诗《卢济塔尼亚[①]人之歌》（又译《葡国魂》）于1572年出版，共10章，长达1102段、8816行；其创作的300多首抒情诗形式多样，包括十四行诗、田园诗、赞歌等；另著有剧本《主人》《菲洛德莫》《塞莱乌戈国王》等。

卡蒙斯一生中成就最高的代表作便是《卢济塔尼亚人之歌》。这部史诗描写了葡萄牙航海家达·伽马远航印度的经历，歌颂了葡萄牙的光辉历史和葡萄牙人的勇敢精神。该诗富有浪漫主义色彩，

[①] 卢济塔尼亚（Lusitania），古罗马行政区名称，相当于今葡萄牙大部和西班牙西部的一部分地区，后用作葡萄牙的代称。卢济塔尼亚人即葡萄牙人。葡萄牙文艺复兴时期的学者认为这一名称源于卢索（Luso），即古罗马神话中酿造葡萄酒之神巴克科斯的同伴或儿子。卡蒙斯认为卢索定居葡萄牙后，成为卢济塔尼亚之祖。

被公认为葡萄牙文艺复兴时期最杰出的作品。除此之外,卡蒙斯所著的抒情诗还包括十四行诗、五七音节诗、短歌等形式。其诗歌创作,或受传统诗歌影响,或受文艺复兴思潮影响,或由自身经历而触发灵感。

卡蒙斯对葡萄牙文学、葡语世界的文学,乃至世界文学的影响都是广泛和深远的。

费尔南·戈梅斯的《卡蒙斯肖像画》现藏于葡萄牙国家档案馆

卡蒙斯之于其所在民族或者语言世界的文学

卡蒙斯对于葡萄牙文学的影响

卡蒙斯所处年代为文艺复兴时代,他的作品被认为是古典与现代文学的交叉点。卡蒙斯所使用的葡萄牙语基本属于古葡语,当时的葡语受西班牙语的影响很深。他的代表作《卢济塔尼亚人之歌》在情节表现、历史价值、结构复杂性、神话学术性和诗歌修辞艺术性等诸多方面,均体现出史诗作品和抒情作品完美结合的特点,因而也成为至今仍受到高度评价的传世之作。

卡蒙斯的影响力,在其后的作家和诗人的作品中都得到了充分的体现,比如阿尔梅达·加雷特、费尔南多·佩索阿、索菲娅·德·梅洛·安德尔森等。

阿尔梅达·加雷特

阿尔梅达·加雷特(Almeida Garret, 1799—1854)的长诗《卡蒙斯》,如其诗名所示,体现出的是对卡蒙斯的敬意。这首诗歌写于加雷特第一次流亡海外期间,是葡萄牙文学进入浪漫主义时期的标志。它可以被认为是一首迷你史诗,其主人公便是史诗《卢济塔尼亚人之歌》的作者卡蒙斯,内容围绕着卡蒙斯从东方回到葡萄牙之后的故事展开。全诗也是十章,和《卢济塔尼亚人之歌》的结构相同,语言风格也竭力追随卡蒙斯的史诗。

尤其值得一提的是，在长诗起首，加雷特就引用了卡蒙斯《卢济塔尼亚人之歌》里第三章第 21 节里的诗句：

> 这是我可爱而幸运的祖国，
> 但愿上天能让我平安而返，
> 带着已竟的现在这一事业，
> 在故乡结束我的有生之年。

这充分说明了卡蒙斯在加雷特心中的地位，在自己这首长诗伊始便引用"偶像"代表作里的诗句，继而开始自己的叙述。诗歌通过卡蒙斯和一名西班牙修士之间的对话，展示了卡蒙斯回归故里后的遭遇：他并未被当作英雄对待，而是受到了漠视甚至是蔑视；在卡蒙斯向塞巴斯蒂安国王（D. Sebastião）朗诵自己的史诗片段之后，国王为之神往，继而率兵征战，最后在战场上失踪，卡蒙斯亦在此后不久与世长辞。加雷特在诗歌里表达着对卡蒙斯的敬仰，同时也即题抒发了自己身在国外对自由的憧憬和对祖国的思念。但当时葡萄牙政治局面混乱，诗人的抱负无法得到实现。因此，在《卡蒙斯》的最后，诗人长叹：

> 卡蒙斯骸炭的朴陋安所，
> 也难认出这般的卢索①。

---

① Luso，即指葡萄牙。

费尔南多·佩索阿

费尔南多·佩索阿（Fernando Pessoa, 1888—1935）是葡萄牙文学史上一颗璀璨耀目的明星。他善以不同的名称同时写作（异名写作），诗歌创作体裁丰富。其文学创作受到了文艺复兴时期诗人的很大影响，这在他第一部诗集《使命》当中可见一斑。《使命》共有44首诗歌，分为三大部分：《荣耀》《葡萄牙之海》《乌云遮天》，分别代表葡萄牙国家的光荣历史、葡萄牙的航海大发现以及葡萄牙王国的没落。其中，《葡萄牙之海》中的部分诗歌呈现了葡萄牙航海大发现的两个方面：一是对未知大海的征服，二是葡萄牙的泪水。由此，我们可以观察到，佩索阿所作诗歌和卡蒙斯《卢济塔尼亚人之歌》之间存在着紧密的联系，比如《葡萄牙之海》一开始的"哦苦咸的大海"就和卡蒙斯史诗开头所述的"威武的船队，强悍的勇士"一样，直点主题，大海、船队、勇士，都是歌颂葡萄牙伟大形象的主题词。

> 哦苦咸的大海，多少你的盐粒
> 汇成这葡萄牙的泪水！
> 为了穿越你，多少母亲哭泣
> 多少孩子徒劳地祈祷！
> 多少待嫁的姑娘满待成婚
> 都是为将你拥有，哦大海！

> 这值得吗？答案毫无疑问
> 只要那灵魂并不渺小。
> 谁若想穿渡博哈多尔以外，
> 就需要禁受痛苦与忍耐。
> 上帝赋予了大海冒险与深渊
> 而在其上他也悬照着苍天。

佩索阿在其诗作里强调的大海和葡萄牙，就是文艺复兴时期葡萄牙文学家极力倡导的国家英雄主义主题，而其中的代表就是卡蒙斯的作品《卢济塔尼亚人之歌》。因而可以认为，卡蒙斯对佩索阿的创作起到了极大的影响。

索菲娅·德·梅洛·安德尔森

索菲娅·德·梅洛·安德尔森（Sophia de Mello Andresen, 1919—2004）是葡萄牙著名儿童作家和女诗人。在其诗歌《卡蒙斯与薪禄》中，采取了与卡蒙斯的十四行诗《过失、厄运、火热的爱》对答的形式，为卡蒙斯拿不到国家应该付给他的年金而叫屈。卡蒙斯这样的英才，却被国家抛弃，只落得个悲惨的结局。安德尔森的创作也深受着卡蒙斯的影响：

> 你将谒于宫庑，
> 以求薪禄

能够如期而付。
这国家，慢慢把你戕杀，
你呼之不应的国家，
你唤之未醒的国家。

你的困顿生自合点的妒焰。
你的沉沦出于漠然的谗言。
一人，有超拔万众的胆，
敌人，便常会蜂拥来犯。

你所求的他们，对你少闻寡问。
因隐忍与恭顺，已令他们躬身。
隐忍的脏手，恭顺的污掌，
夺去他们双眸，给予他们目盲。

你将谒于宫庑，等守良苦，
他们不要诗句，要你顺服。
这国家，慢慢把你戕杀。①

---

① 王佳飞译。

卡蒙斯对于巴西文学的影响

卡蒙斯的影响力不仅限于葡萄牙本国，在以巴西为代表的一些葡语国家同样巨大。

20世纪70年代，巴西里约热内卢联邦大学历时十年，通过对巴西历史上各类诗歌进行整体研究与分析，发现多数的巴西诗人都不同程度地受到过卡蒙斯这位葡萄牙诗人写作风格的影响，他们的诗歌里或多或少地留有《卢济塔尼亚人之歌》或《诗韵》的痕迹。

这些诗人中，有旧体诗的代表，也有新诗的先驱；有寂寂无名的，也有赫赫有声的，甚至像马查多·德·阿西斯（Machado de Assis）、卡洛斯·德拉蒙·德·安德拉德（Carlos Drummond de Andrade）这样的巴西文坛巨擘，其很多援引、用典、取譬也来自于卡蒙斯的绝妙诗行。可见时过境迁后，作为葡萄牙人的卡蒙斯依然受到众多巴西文学家的敬仰和推崇，即使是阿丰索·阿维拉（Affonso Ávila）、德西奥·皮格纳塔利（Décio Pignatari）、奥古斯托·德·坎波斯（Augusto de Campos）等一众先锋派诗人，有时他们革故创新的作品同样未挣脱卡蒙斯诗歌的传统。所以，巴西诗人塔索·达·西尔维拉（Tasso da Silveira）这般盛赞道："我们的诗作里，是太多太多的'卡蒙斯'。"

卡蒙斯的《卢济塔尼亚人之歌》，在分期上属于欧洲文艺复兴时期史诗作品。那么相应地，其带给巴西文学的影响也更为明显和集中地体现于17—18世纪葡萄牙殖民巴西时期的一些史诗作品上，即为这些巴西史诗提供了一种"卡蒙斯式"的写作范式。阿纳济尔多·席尔瓦（Anazildo Silva）甚至将这段时期直接命名为"卡蒙斯时代"，该时期的代表作品包括本托·特谢拉（Bento Teixeira）的《拟声》、巴西利奥·达·加马（Basílio da Gama）的《乌拉圭》、圣塔·里塔·杜朗（Santa Rita Durão）的《卡拉穆鲁》等。这些史诗或将抒情诗节引入叙述，或暗示卡蒙斯史诗中的段落，或借用其中一些要素和资源。总之，它们无一不在对《卢济塔尼亚人之歌》进行着不同程度的仿照，或者说后者俨然成了巴西史诗文学的教材。

例如标志着巴西文学进入巴洛克时期的《拟声》，颂扬了伯南布哥领地受赠人若热·德·阿尔布克尔克·科埃略的功绩；《乌拉圭》高歌了西葡联军对阵印第安人的英勇；而《卡拉穆鲁》讲述的是葡萄牙人迪奥戈发现巴伊亚，娶当地印第安酋长女儿为妻，并教化其皈依基督的事迹。这些史诗均带着深浅不一的《卢济塔尼亚人之歌》的痕迹，尤其是《卡拉穆鲁》，更是被称作"巴西的《卢济塔尼亚人之歌》"。

还有一点值得我们注意，卡蒙斯写《卢济塔尼亚人之歌》既是在赞美葡萄牙人的历史成就，也是在宣示和强调葡萄牙民族的独立性。而《卢济塔尼亚人之歌》在巴西受到追捧和仿效，恰恰也是满足了巴西独立意识兴起的需要。因此，这些"卡蒙斯时代"的史诗作品，生来不会止步于十足的临摹，而事实是：《卢济塔尼亚人之歌》成为巴西史诗乃至巴西文学的础石，支撑起上方自然而然进行着的、吸收过本土之养料后所结出的一系列创新果实。这可以说是卡蒙斯及其作品对巴西文学所做的更为重大的贡献。

以上几部巴西史诗作品，对《卢济塔尼亚人之歌》既有仿照，也有创新。史诗《乌拉圭》在形式上以无韵体突破了《卢济塔尼亚人之歌》的范式，在内容上用印第安神话人物取代了古希腊罗马诸神，体现出美洲本土主义的色彩。再如《拟声》，虽极尽史诗文学命题、献辞、祈语、结语之能事，却也有诗人自己开辟的新路。本托·特谢拉用诗中人物普洛特的发声，拒绝了传统史诗通过贬低异教来捧高基督教、鼓吹扩张主义或英雄主义的惯用套路，因而《拟声》被誉为巴西文学的奠基诗也不无道理。

即使放眼巴西现代诗坛，我们也能发现卡蒙斯为广大诗人们提供的创作灵感。如巴西现代主义诗人若热·德·利马（José de Lima）的代表作《俄耳浦斯的创造》，当中充满了对卡蒙斯的学习与致敬。这部现代史诗，和《卢济塔尼亚人之歌》一样共十章，里面不仅有俄耳浦斯、缪斯等西方诸神，更有卡蒙斯充当诗人自己的代言人并与但丁平起平坐的情形出现。

此外，若热·德·利马还贯彻着《卢济塔尼亚人之歌》第三章的理念，将依内斯王后（Inês de Castro）这位葡萄牙历史上的殉情典范奉为永恒、纯洁、勇敢之爱的象征，等于在完成一次和卡蒙斯跨越四百余年的互文。

至于在所谓的"卡蒙斯时代"之后仍受卡蒙斯影响的巴西诗人，除若热·德·利马外，知名者还有很多。他们来自不同的主义流派，如浪漫主义的卡济米罗·德·阿布雷乌（Casimiro de Abreu）、阿卡迪亚主义的克拉乌迪奥·曼努埃尔·达·科斯塔（Cláudio

Manuel da Costa）、帕尔纳斯派的维森特·德·卡尔瓦略（Vicente de Carvalho）、象征主义的阿尔蓬苏斯·德·吉马拉恩斯（Alphonsus de Guimaraens）①以及现代主义的吉列尔莫·德·安德拉德·伊·阿尔梅达（Guilherme de Andrade e Almeida）等等。这些诗人在各自门派中皆据有一席之地，他们并非史诗作家，因而继承的是卡蒙斯抒情诗的衣钵。以下选取阿尔蓬苏斯·德·吉马拉恩斯的作品简要分析。

吉马拉恩斯的诗风同卡蒙斯类似，古典主义的底蕴上飘浮着浪漫主义的味道。他的诗歌作品多为爱情抒情诗和宗教诗，前者与卡蒙斯抒情诗以及中世纪同类行吟诗如出一辙，都在描摹柏拉图式的理想女性，或者说对女性柏拉图式的爱。例如以下这首在巴西妇孺皆知的诗歌《伊斯玛莉娅》：

伊斯玛莉娅发了疯，
在塔楼上面做起了梦……
她看到天上有一轮月亮，
她看到海里有一轮月亮。

她沉浸在梦境中，
全身沐浴着月光……

---

① 真名为阿丰索·恩里克斯·达·科斯塔·吉马良斯（Afonso Henrique da Costa Guimarães）。

她要升上天空,

她要下到海洋……

她神志恍惚错乱,

在塔楼上面唱起了歌……

她靠近了天空,

她远离了海洋……

她犹如一位天使,

展开双翅飞翔……

她要得到天上的月亮,

她要得到海里的月亮……

上帝赐给她的一对翅膀,

羽毛洞开阵阵作响……

她的灵魂升上天空,

她的躯体落入海洋……

  全诗形式简单,却尤其高效地把自然、女性、诗韵、诗情等诸方美感融调一体,拟造出梦幻的世界。诗中,伊斯玛莉娅不顾一切地要飞升太虚,实现自己的愿望,结果其灵魂升了空,躯体却落入海洋,这或许会令读者联想起同在飞翔时坠海的神话人物伊卡洛斯,满含了古典的浪漫。而我们发现，纵是寥寥几句几节，吉马拉恩斯也能够颇为出色地完成诗作的隐喻与象征。当女性追逐理想而上时，女性自身也变作诗人理念中追逐的目标。在被自然而然地理想化、观念化后，伊斯玛莉娅凝成了光彩夺目的、象征纯洁和神圣爱情的结晶体。这些与卡蒙斯在抒情诗里求索的爱情、营造的理念美保持了高度的一致性，甚至包括求索和营造的方式。

时至今日，卡蒙斯的作品依旧是巴西文坛学习的标杆，更是葡语文学的骄傲。究其原因，其在巴西能够产生巨大影响有着多方面的因素：首先，巴西与葡萄牙在语言、历史、文化上的深厚渊源，为之提供了可能性；其次，巴西文学在兴起和发展的过程中，需要有可供站立的坚实根基和可资借鉴的优秀榜样；最后是卡蒙斯诗作自身水平的过硬，它代表着葡萄牙文艺复兴时期文学乃至整个葡语诗歌文学的最高水平，因此也具有足够强大的生命力，能在巴西这片和葡萄牙远隔万里的异土生根发芽，荫及后世。

卡蒙斯之于世界文学

和意大利的但丁、西班牙的塞万提斯、英国的莎士比亚、德国的歌德一样，卡蒙斯不仅仅因为他的文学造诣被本国民众崇敬与瞻仰，成为整个葡萄牙民族的骄傲，同时他也给世界文学之库和人类文明之园留下了宝贵的精神财富，其作品在世界范围内都存在着不同程度的影响，并为不同国家的人们所知晓。

瑞士历史学家雅各布·布克哈特（Jacob Burckhardt）这样评价卡蒙斯道："卡蒙斯仍然对得起他的时代和他的民族最好的东西。再没什么能对得起我们时代最好的东西了！"他从纵向上肯定了卡蒙斯的作品是具有超拔的历史价值的。而在横向上，葡萄牙学者阿尼巴尔·品托·卡斯特罗（Aníbal Pinto Castro）则认为卡蒙斯无愧世界级作家之名。根据其调查，至少目前在美国及欧盟国家中，卡蒙斯已被列入文学研究的重点对象。除此之外，涉及卡蒙斯与其作品的课程也成为这些国家高校的热门选课之一。也就是说，即便是在使用不同语言的国度，卡蒙斯的作品依然闪耀着它的光芒。

西班牙

作为毗邻之邦，西班牙与葡萄牙在语言和文化上的关联密切，也是最早接触到卡蒙斯作品的国家。1572年首版的《卢济塔尼亚人之歌》，到了1580年，便已出现两种不同的卡斯蒂利亚语版本。也就是说，西班牙卡斯蒂利亚语社区是西班牙境内最早阅读《卢济塔尼亚人之歌》的地方。

而由于语言和文化上的密切联系，卡蒙斯作品在西班牙的接受程度相对较高。在西班牙一众的卡蒙斯支持者中，最知名的要数米格尔·德·塞万提斯（Miguel de Cervantes）这位写下世界首部现代小说《堂吉诃德》的作家了。

不知是因为有相似的人生遭际，还是所处的时代几乎一致，塞万提斯对卡蒙斯怀有特殊的尊敬和崇拜，以至于在其成名后，仍然在著作里大力宣传这位当时尚无名气的葡萄牙诗人，连带着还要赞美卡蒙斯的故国葡萄牙。在他的表述中，卡蒙斯的文学造诣与西班牙历史上的顶尖诗人加尔西拉索·德·拉·维加（Garcilaso de la Vega）是并列的，这显示出塞万提斯对卡蒙斯诗歌水平的肯定和他在识人方面非同一般的眼光。其后，卡蒙斯作品在法国的传播与盛行，或多或少也是因有塞万提斯这位文学巨擘的赞誉作为倚仗。

有了塞万提斯与卡蒙斯的这重关系，西班牙的卡蒙斯研究火热，更有一些学者倾向于将两位作家放在一起比较，而西葡两国文学上的沟通也常会以卡蒙斯和塞万提斯为纽带，如 2019 年，并论两位作家的《卡蒙斯与塞万提斯——对比与交融》一书由葡萄牙卡蒙斯学院和西班牙塞万提斯学院联合出版，标志着两国的文学交流再度迈进了一步。

英国

英国对卡蒙斯作品在文学上的价值，长期以来都颇为重视，这一方面来自于英葡两国在地缘政治上的亲近（从 14 世纪便宣布确立的英葡同盟关系一直延续至今），另一方面和众多英国译者的大力译介密不可分。根据学者约兰达·拉莫斯（Iolanda Freitas Ramos）和伊莎贝尔·洛萨达（Isabel Lousada）1992 年做的统计，《卢济塔尼亚人之歌》出版问世以来的 400 余年里，在英国出自不同译者的英语译本计 18 种，这一数目是其他国家无法比拟的。虽然这些译本风格相异、韵致迥然，但一致地显示出英国人对卡蒙斯诗歌始终如一的喜爱。

1655 年，英国的理查德·范肖（Richard Fanshawe）翻译并出版了首部《卢济塔尼亚人之歌》的英译本，随书还附有第一张传入英国的卡蒙斯肖像画。从此，卡蒙斯的名号在同葡萄牙隔洋相望的英国迅速传扬开来。范肖对于卡蒙斯的崇拜近乎狂热，在他看来，卡蒙斯完全能够与意大利的维吉尔、荷马、塔索等诗歌名宿比肩，他本人也心甘情愿地成了卡蒙斯诗歌在英国的坚定宣传者。

而在范肖之后，又有出自威廉·米克勒（William Julius Mickle）、托马斯·穆斯格雷夫（Thomas Moore Musgrave）等不同译者之手的译作陆续出现，使得一次次或大或小的"卡蒙斯热潮"被掀起，强化着英国读者对这位葡萄牙诗人的印象。于是，在对《卢济塔尼亚人之歌》的评价、探讨甚至争论中，卡蒙斯几乎成了英国上下皆知的国民诗人。

法国

1674 年，耶稣会士雷内·拉平（René Rapin）所著《亚里士多德诗学及古现代诗人作品反思》一书在巴黎出版，书中提到了在葡萄牙有一位叫卡蒙斯的民族诗人。就这样，卡蒙斯的名字首次出现在法国的出版物上，《卢济塔尼亚人之歌》也被拉平描述为一首"征服印度的诗"，进而为法国人认知。同年，路易斯·莫雷里（Louis Moreri）在其编纂的首版历史大辞典中用一篇长文介绍了卡蒙斯的生平及作品。至此，卡蒙斯的诗歌在法国打开了市场。而在这两位介绍者之外，塞万提斯所表现出的对卡蒙斯的追捧，也是法国人愿意去了解这位陌生的葡萄牙诗人的重要原因。

卡蒙斯作品在法国的传播与被接受，按学者玛丽亚·德莱尔（Maria Manuela Delile）的观点，可以以1800年为界线，之前属于评价性接受，之后属于产出性接受。也就是说，1800年以前，法国人对于卡蒙斯作品仅停留于文学评论的褒贬；而1800年后，卡蒙斯作品开始真正对法国作家的创作起作用，即意味着它在当地的被接受程度实现了质的飞跃。

但其实在18世纪下半叶，已经有一些法国作家开始接受卡蒙斯作品所带来的影响，并表现于他们的创作当中。诗人鲁彻（Roucher）在其1779年发表的诗集《月份》里，模仿《卢济塔尼亚人之歌》中达马斯托尔的相关情节，创作了组诗《四月》和《十二月》；让利斯（Mme de Genlis）在其1784年发表的作品《枫丹白露》中也像卡蒙斯创造世外桃源"爱情岛"那样，拟造出了一个"爱情泉"。这些明显在向《卢济塔尼亚人之歌》致敬的作品，体现出当时法国文坛对卡蒙斯接受度的提高。而葡萄牙米纽大学教授塞尔吉奥·德·索萨（Sérgio de Sousa）在其研究中称，在"达马斯托尔""爱情岛"之外，卡蒙斯叙述的依内斯和佩德罗一世的爱情故事，其实是《卢济塔尼亚人之歌》里最被法国人熟知的部分。这段以悲剧收尾的传奇情事迎合了法国人的浪漫品位，令人动容，使《卢济塔尼亚人之歌》成为受法国民众热捧的读物，并对越来越多法国作家的写作产生持续且深远的影响，直至今日。

中国

卡蒙斯诗歌汉译的出现时间较晚。受各种原因影响，直到20世纪80年代，卡蒙斯的诗歌才被相对完整地引入中国内地。先是1981年，中国社会科学院外国文学研究所和葡萄牙古本江基金会联合出版了《卡蒙斯诗选》，将卡蒙斯所著《诗韵》译成了汉语；进而在1982年，张维民所译《卢济塔尼亚人之歌》的部分篇章由社会科学文献出版社出版发行，这部皇皇史诗也终于在遥远的东方被更多的读者了解。而直至本书写作之时，国内出版发行的《卢济塔尼亚人之歌》均为张维民所译，版次情况如下所示：

书名	译者	出版时间	出版单位
《卢济塔尼亚人之歌》	张维民	1992年8月	社会科学文献出版社
		1995年4月（1版1印）	中国文联出版公司
		1998年4月（1版2印）	
		2020年1月	四川文艺出版社

不同版本的汉译《卢济塔尼亚人之歌》
（左起依次为1992年版、1995年版、1998年版、2020年版）

在一些遣词用句上，2020年版《卢济塔尼亚人之歌》经过了编辑的改动，所以本书在参考、引用诗歌章句时，均采用的是与张维民译本原貌更为相近的1995年版本。不过，无论版本属于何年何月，它们都成功地把这部史诗的伟大之处展示给了读者。而译本的陆续再版，也使得越来越多的中国读者对卡蒙斯之令名不再陌生。这种心理距离的拉近，甚至还体现于中葡两国政府的交流中：2018年12月3日，在访问葡萄牙前夕，中国国家主席习近平在葡萄牙《新闻日报》发表题为《跨越时空的友谊 面向未来的伙伴》的署名文章。而文章的一开篇，习主席就引用了卡蒙斯那世代传颂的名句——"陆止于此，海始于斯"[1]。

---

[1] 本文中的《卢济塔尼亚人之歌》译文及对译文的注释均选自张维民1995年版的译本（中国文联出版公司）。张维民译本中，这句话被译为"陆地终于斯，海洋始于斯"，但由于"陆止于此，海始于斯"这一译法流传甚广，故在署名文章中被引用。

事实上，和在中国内地相比，卡蒙斯在澳门更为人所熟知。首先，澳门曾经是葡萄牙的殖民地，在文化上存在着更多的交集；其次，结合卡蒙斯的个人经历看，诗人有很大可能途经中国南海到过澳门。现如今，在澳门老城区的白鸽巢公园里，仍遗存着传说中卡蒙斯借以避暑写诗的石洞——贾梅士石洞。不仅如此，我们在澳门的路名、邮票、货币等处，都能够或曾经能够见到这位葡国诗人的名字或形象，这至少说明卡蒙斯对澳门的文化影响犹未散去。

▌ 澳门白鸽巢公园的贾梅士石洞①

---

① 图片来源：澳门市政署官网（https://macaostreets.iam.gov.mo）。

PART I

卡蒙斯的一生

卡蒙斯或于1524年在里斯本出生,于1579或1580年的6月10日在里斯本去世,其父为加利西亚贵族后裔。但由于史料记载不详,关于他准确的出生年份和地点,以及他的生活经历等,我们都无法考证,很多都只是推测。

卡蒙斯的生平

文化教育

有关卡蒙斯的出生和童年经历,我们几乎找不到任何相对翔实的记载了。对于他的青年时期,我们也只能推测他接受了当时古典文化的教育,包括拉丁语、古典文学、古代和现代历史等。卡蒙斯或于1540年进入科英布拉大学就读,不过,就像他一生中的大部分时间一样,这一信息也并不是特别准确。但不论如何,卡蒙斯的作品行文精致、引经据典,这些都可以反映出他确实受过良好的文化教育。也有史料记载,他的叔叔本托·德·卡蒙斯(Bento de Camões)给予了他很多指点,因为本托曾担任科英布拉大学的校长,后来又加入圣克鲁斯修道院,有相当高的文学素养。也正因为这个原因,使得卡蒙斯曾在科英布拉大学就读一说显得更具说服力。

生活经历

卡蒙斯出生于里斯本,但在1527年,由于里斯本瘟疫横行,卡蒙斯全家搬至科英布拉。这也可以从另一个侧面比较合理地解释,科英布拉给予了卡蒙斯接受文化教育的机会。

1547年,卡蒙斯因为追求爱情未果,选择自我放逐,加入葡萄牙皇家部队,赴北非摩洛哥休达服兵役,并在一次战争中失去了右眼。

葡萄牙国王若奥三世(D. João Ⅲ)在位(1521—1557)期间,大约从1550年起,卡蒙斯开始在里斯本生活,并以贵族骑士和诗人的身份,在宫廷开始了自己的职业生涯。当时,宫廷盛行吟诗,因此,卡蒙斯有机会在宫廷里吟唱自己所作的诗歌。但同时,他放荡不羁,好惹是生非,经常与他人起冲突。

1552年,卡蒙斯因用剑刺伤宫廷的一名侍卫而被捕。当时,葡萄牙开始逐步减弱东方海权的建设,但东方贸易的维持依旧需要大量的人力,而去往东方的航线远、风险大,导致无人愿意前往东方;同时,葡萄牙也开始了对北非摩洛哥、西非以及远在南美洲的巴西的陆上开拓，因此需要大量的人手前往这三个地区作战。所以当时的法律规定，如果犯法者愿意前往东方或者加入三大地区的作战部队，则可以免于牢狱之灾。

最终，卡蒙斯选择了远航东方。他于1553年跟随葡萄牙航海船队出发，1554年到达印度果阿，1555年被派去红海与摩尔人作战，但部队并未找到敌军，因此在波斯湾霍尔木兹海峡附近过冬之后，1556年重返果阿。其后，卡蒙斯被捕入狱，原因不详，可能是因为当时的印度总督弗朗西斯科·巴雷托（Francisco Barreto）被指腐败，而卡蒙斯也身陷其中，但也有可能是因为他本人的债务问题而被捕。入狱期间，他开始了史诗《卢济塔尼亚人之歌》的创作，并在监狱里待到了1561年才被新任总督弗朗西斯科·库蒂尼奥（Francisco Coutinho）下令释放。但是，他也有可能此前曾被释放过却又因其他罪名重新入狱，直至1561年才再次出狱。1562年左右，卡蒙斯被库蒂尼奥总督派往澳门，担任死亡及失踪人口事务专员。据说，1563至1564或1565年期间，其史诗巨著《卢济塔尼亚人之歌》的部分篇章在澳门的一个石洞里写就，也就是我们之前提到的"贾梅士石洞"。

从澳门返回果阿的航行中，卡蒙斯在湄公河河口遭遇了海难。除他之外，同船的人全部遇难，其中也包括他所爱的，且在他作品里出现过的名为蒂娜美娜（Dinamene）的中国姑娘。卡蒙斯的众多航海经历为他创作《卢济塔尼亚人之歌》提供了灵感，但这次海难，更是为这一部史诗第七章之后的情节发展提供了丰富的素材和想象的空间。

海难之后，卡蒙斯被其他船队带去了马六甲。但在那里，他又因挪用托付给他的死者财产而再次入狱。我们不知道他何时出狱，何时回到果阿，但比较确切的记载显示，回到果阿后，他又在监狱里待了一段时间。

可以看到，身处东方的卡蒙斯，多数时间是待在监狱里的。但他并未入狱时，除了履行士兵的职责外，应该还与不少文人有过聚会。大家共同参加读书分享讲座，探讨人文主义思想。这种聚会，类似于文艺复兴时期在意大利佛罗伦萨由马尔西利奥·费奇诺（Marsilio Ficino）所创的文艺复兴学院中举办的集会。

1567年12月，卡蒙斯启程返回葡萄牙，到达莫桑比克后，因等候去往里斯本的船只而滞留了若干时间。后来一直到1570年4月，在朋友们的资助下，卡蒙斯才到达了葡萄牙里斯本附近的卡斯卡伊斯。

回国后，卡蒙斯将已完成的巨著《卢济塔尼亚人之歌》献给了当时的国王唐·塞巴斯蒂安，国王非常赞赏，并决定于1572年出版该著作。塞巴斯蒂安国王称卡蒙斯为"我们朝廷的贵族骑士"，并因他曾在印度服役而为他发放抚恤金。抚恤金的金额并不低，但是，只发放三年，而且发放时间时有隔断。因此，卡蒙斯的生活还是相当拮据，贫困潦倒，甚至还有文献说他的惨状达到了"衣不蔽体"的地步。1574年，塞巴斯蒂安国王为继续扩张葡萄牙王国疆域而出征北非，最终在阿尔卡塞尔-克比尔（Alcácer-Quibir）战役中殒命。

之后，葡萄牙国力由盛转衰，后被西班牙吞并。众多葡萄牙人感觉王国前途不再。卡蒙斯也陷入了哀恸国运的状态，接着感染瘟疫，1579年或1580年6月10日在医院治疗无效而去世。他去世的6月10日这一天，后来被葡萄牙定为"葡萄牙、卡蒙斯及葡萄牙侨民日"。

卡蒙斯死后被埋葬在桑塔安纳教堂的坟场，但也有一说，他只是被埋葬在医院的穷人丛冢中。1755年里斯本大地震后，里斯本大部分地区受到了严重破坏，因此再也无法找到卡蒙斯的遗骸。所以，1880年热罗尼姆斯修道院的一具石棺里放入的卡蒙斯遗骨，其实并不是他的。

卡蒙斯所处的时代

虽然众多细节问题无法考证，但卡蒙斯所处的时代是 16 世纪，他的思想、作品无疑也受到了当时社会的影响。从 14 世纪到 16 世纪，欧洲经历了繁荣的文艺复兴时代，文艺复兴思潮对于欧洲乃至整个世界的文明、文化发展，都具有举足轻重的作用。文艺复兴始于意大利，后扩展至西欧各国，借助复兴古希腊、古罗马时代的文化，在文学、美术、音乐等方面均有创新表现，并于 16 世纪达到其巅峰。因此，卡蒙斯在其生活、学习的年代，显然会受到文艺复兴思潮的影响。

葡萄牙与文艺复兴

作为欧洲探险的先驱，葡萄牙通过开辟通往东方的航线而繁荣，从中获得巨额利润，这使得商业资产阶级得以成长，贵族得以富裕，从而可以享受奢侈品和精神的熏陶。

中世纪的社会，包括葡萄牙社会中，文化被宗教所垄断。葡萄牙受到了富有的意大利和佛兰德商人的影响，葡萄牙因投资海上贸易而与他们往来频繁。这种商业往来还包括与法国、西班牙和英国的贸易，随之而来的文化交流也大大加强。可以说，葡萄牙的航海时代所带来的繁荣贸易在其文艺复兴思潮的兴起、传播中起着决定性的作用。

当时，葡萄牙还在罗马一直维持外交使团常驻。这些葡萄牙外交使节、商人以及大量的留学生和文艺复兴时期的人文主义者、学者和艺术家们建立了联系，并把文艺复兴思想带回了葡萄牙。尤其是诗人萨·德·米兰达（Francisco de Sá de Miranda）1526 年从意大利回到葡萄牙时，把意大利时兴的新诗歌体——十四行诗也带到了葡萄牙，从而对葡萄牙文学产生了深远影响。

文艺复兴思潮对卡蒙斯的影响

所谓文艺复兴，就是希腊、罗马古典时期曾高度繁荣的文艺在中世纪湮没之后的再生与复兴，因此，文艺复兴思潮对于卡蒙斯的影响其实包括古典文化和古典诗歌、彼特拉克以及柏拉图对他的影响。

古典文化和古典诗歌对卡蒙斯的影响

从卡蒙斯的教育经历来看，他受过较深的古典文化、古典文学的熏陶。因此，他的作品里，多处可见古典文化和古典诗歌对他的影响。这些古典文化和文学作品的作者包括古希腊诗人荷马、古罗马诗人维吉尔和奥维德，还有古罗马哲学家塞内卡、西塞罗等。

比如，在卡蒙斯的赞歌《冷云逃离》（Fogem as nuvens frias）里，我们可以看到荷马所作赞歌《融化的雪》（Diffugere nives）的痕迹；挽歌《诗人西蒙尼德斯》（O Poeta Simónides）诠释了维吉尔曾经表达过的人生理想；而另一首挽歌《神牧人》（Divino Almo Pastor）则描述了基督教徒与异教徒的结合。当然，卡蒙斯最具影响力的作品《卢济塔尼亚人之歌》仿效了维吉尔最为著名的史诗《埃涅阿斯纪》。

彼特拉克对卡蒙斯的影响

彼特拉克（Francesco Petrarca, 1304—1374）是意大利著名学者、诗人，也是最早的人文主义者，被誉为"文艺复兴之父"，以十四行诗著称于世。他把十四行诗推到完美的境地，发展成为一种新诗体，因此，十四行诗亦被称为"彼特拉克诗体"。彼特拉克的十四行诗形式整齐，音韵优美，以歌颂爱情、表现人文主义思想为主要内容。在内容和形式方面，都为欧洲资产阶级抒情诗的发展开拓了新路。

卡蒙斯的诗歌追随彼特拉克及其后的意大利诗人桑纳扎罗、塔索和西班牙诗人博斯堪的风格和题材，下面的十四行诗《我的心灵呀》[1]即是其仿效彼特拉克作品的典型代表。诗歌的前一部分由两段四行诗组成，后一部分由两段三行诗组成，即按"4-4-3-3"的形式编排：

> 我的心灵呀，你快快不乐地
> 这么早就抛弃了人生，
> 永远地安息在天堂，
> 留下我在世间孤雁哀鸣。

---

[1] 如无特殊说明，本文中除《卢济塔尼亚人之歌》外，卡蒙斯的其他诗歌译文均选自《卡蒙斯诗选》，张维民、赵鸿瑛、李平（译），中国社会科学院外国文学研究所、葡萄牙古本江基金会，1981年。

倘若你在天上,
能够回忆起人间的苦乐,
切莫要忘记那火热的爱,
我眼中饱含的一片痴情。

倘若你能感到
我失去你的痛苦,
尚值得你的爱怜。

请求求天主,是他将你妙龄缩减,
但求他也早日带我到你的身边,
就像他过早地把你夺去,从我眼前。

柏拉图对卡蒙斯的影响

柏拉图（Plato, Πλάτω, 公元前427—公元前347）是古希腊哲学家，也是整个西方世界最伟大的哲学家和思想家之一。15世纪末开始，柏拉图的哲学又开始受到广泛重视，比如他所提出的"理念世界"和"现实世界"概念，而柏拉图所倡导的爱情观亦与此相关。理念世界里才有纯粹的想法和至高无上的完美，现实世界只不过是它的反映；爱情说到底是属于理想世界（理念世界）的东西，在世俗（现实世界）中实际上是不可能的；至善至美的概念都集中在上帝身上，我们不能热衷于追求个体美，因为感情中灵魂比肉体更重要；在现实世界里，大自然的美丽，所爱的女人的肉体和精神魅力，这些都只能被视为通往神圣之美的一种方式，这样才能在客观现实里接近至美。

在卡蒙斯的诗歌里，有直白地对爱人进行外表描述从而表达爱慕之情的例子，如以下这首典型的五七音节诗：

> 蕾奥诺尔走向泉边，
> 赤着双脚穿过草坛，
> 袅袅婷婷，多么娇艳。
>
> 头上顶着一只水罐，
> 玉臂轻提水罐盖盘。
> 绯红色的腰带飘闪，
> 天鹅绒的长裙翩翩。
> 紧身的衣衫，
> 洁白如雪，
> 袅袅婷婷，多么娇艳。
>
> 头巾下面玉肌微现，
> 金色发辫低垂胸前，

发辫系着红色的绸带，

美丽的姑娘动人心弦。

她的美丽犹如春雨，

她的美丽把爱情召唤，

袅袅婷婷，多么娇艳。

但是，卡蒙斯受到柏拉图爱情观的影响，也有不少追求精神层面的爱情诗。如他最为人所知的一首十四行诗《爱情是不见火焰的烈火》，格式仿照了彼特拉克的诗歌，内容却与柏拉图所宣扬的思想一致，我们会在后面的导读部分再做具体的分析。

葡萄牙行吟诗对卡蒙斯的影响

卡蒙斯早年曾在宫廷里做过御用诗人。同样是刻画蕾奥诺尔的诗歌，卡蒙斯还会采取其他的创作手法，试看：

蕾奥诺尔在泉水边，

一边洗刷，一边抽泣。

她询问身旁的女友：

——可曾看见我的心上人在哪里？

脑海中只有他的身影，

爱情使她身不由己。

她歌唱,但是歌声
好像是在为他叹息。
蕾奥诺尔心神不定,
想用歌声减轻这思念的心绪。
她询问身旁的女友:
——可曾看见我的心上人在哪里?

一只手儿托着腮旁,
两眼俯视着大地。
哭泣已使她筋疲力尽,
这凝视给了她片刻的歇息。
她虽然也能够
暂时地摆脱悲伤,
但这痛苦会引起
更加沉重的凄怆。

她不再流泪,
也不愿痛苦有所减轻,
因为这痛苦就是爱,
忍受会将泪水吸收干净。
她曾经四处探听,
但当她听到了亲人的消息

却失声痛哭，

你看这悲切的感情。

这首诗歌里，我们看到："泉水"、蕾奥诺尔"询问身边的女友"、想知道"心上人在哪里"，这些都让我们想到了"朋友之歌"这种典型的行吟诗风格，借着少女身边的"朋友"，表达对心上人的思念。但同时也应看到，这种诗歌和朋友之歌有所不同：朋友之歌里，诗人以第一人称（诗中的女性）出现；而卡蒙斯的诗歌是用第三人称，来叙述一位女性等待心上人出现的痛苦之情。

PART 2

卡蒙斯代表作导读

《卢济塔尼亚人之歌》：人之时代的赞歌

史诗《卢济塔尼亚人之歌》以葡萄牙航海家瓦斯科·达·伽马首航印度的旅程为叙事主线，间以古罗马神话的元素，对葡萄牙人不畏艰难险阻、探索未知世界的勇气加以颂扬，同时负载了葡萄牙由筚路蓝缕到纵横四海的光辉历史。

全诗共十章，8800余行，内容梗概如下：

1497年，在葡萄牙王室的支持下，达·伽马率领一支由四艘小型船、共一百七十余人组成的船队，从里斯本起锚，希望在十年前迪亚士开辟的好望角通路的基础上，进一步凿开与遥远东方联系的海上通道。奥林波斯神祇们听说下界的凡人竟要做出此等壮举，便召开大会讨论。会上,酒神巴克科斯①明知达·伽马的成功已被命运之神预言,必然会发生,但他仍不甘于自己在印度的信仰根基就这样被动摇、被颠覆,便出面极力反对。而与之相对的,是支持航海的爱神维纳斯②一方。维纳斯的态度与巴克科斯截然相反,她期待英勇的葡萄牙水手能借此机会,在万里之外的印度传播爱神的声名。于是,支持派与反对派的明争暗斗,从会上两位神祇的明确表态开始便打响了。

巴克科斯首先发起了攻势,他跑到船队必经的马达加斯加岛,乔装成摩尔人,在居民中散播宗教侵略的言论,以此诋毁、丑化葡萄牙人及其航行的目的。有了"仇葡"的民意作基础,达·伽马船队如一着陆,则必遭刀兵之祸。结果,正当船队要进入蒙巴萨岛上的埋伏圈时,维纳斯及时率一众神祇下凡,与酒神方展开激战,并将船推回了大海。幸免于难的葡萄牙人在感激天神相助的同时,也从神使墨丘利口中得知了当前的处境,他们还将面临敌人设下的重重关卡。

---

① 巴克科斯:古罗马神话中葡萄种植业和葡萄酿酒业的保护神,相当于古希腊神话中的狄俄尼索斯。传说他走遍了古希腊、叙利亚、亚细亚,直至印度,一路传授葡萄酿酒技术,显示奇迹:化作山羊、公牛、狮子和豹;能使葡萄酒、牛奶和蜂蜜等如泉水一样从地下涌出。他到处要人们建立神龛崇拜他。
② 维纳斯:古罗马神话中肉欲、爱情、美和恋爱的女神,相当于古希腊神话中的阿佛洛狄忒。一说她是从大海浪花里出生的,但有时她又和狄俄涅混为一体。对她的崇拜,主要流行于海岛和港湾。

但是，艰难困苦并没有让英雄达·伽马退缩，反而激起了他更强烈的斗志、更坚定的信念。航海大事不容耽搁，风波初平，达·伽马便下令扬帆，朝墨丘利指引的方向进发。

达·伽马一行来到的第二个重要的地方，就是梅林德王国，船员在该地受到了盛情的款待。正是在这里，达·伽马把葡萄牙的峥嵘往事告诉了梅林德国王，也告诉了读者。他介绍了欧洲尽头的葡萄牙（卢济塔尼亚王国）如何从古希腊的传说时代绵延而来；介绍了葡萄牙人民怎样在民族英雄维里亚托的号召下抗击古罗马的侵略；介绍了千古一帝阿丰索·恩里克斯与卡斯蒂利亚抗争、建立葡萄牙王国的始末；还介绍了英明的曼努埃尔国王如何积极发展航海事业，并派人探索东方，其中当然也包括船队一路的经历和见闻。正是有了这段回忆部分，我们得知了关于航行更多的细节，比如船队如何战胜巨神达马斯托尔，如何顺利绕过好望角抵达非洲东海岸等。而梅林德国王听完这些叙述，更是对葡萄牙人不屈的品质钦佩有加，他挑选出国内最为优秀的领航员，来助力英雄们的伟大航行。

在梅林德王国稍作休整后，达·伽马船队再次起程。途中众人信心满满，似乎印度的土地已然浮现在船舷远端。可怎想，不甘失败的巴克科斯又一次做好了阻挠的准备。他唆使海神涅普顿[①]掀起巨

[①] 涅普顿：古罗马神话中的海神，也是养马业和赛马的保护神。在古罗马建有涅普顿神庙。相当于古希腊神话中的波塞冬。

浪，急欲毕其功于一役，把船队尽数沉入海底。结果这次，还是爱神维纳斯施展神通，联合众神将风浪收息，使船队平安过关。

终于，经历了近一年的航行，船队抵达印度，踏上了这片梦寐以求的土地。达·伽马在卡利库特的登陆，是载入史册的大事件：东西方的新航路被打通，有赖达·伽马的这一光辉成果，在此之后，葡萄牙王国一跃成为世界历史上首个全球性的殖民帝国。

达·伽马在加尔各答拜会了印度国王沙莫林。和梅林德国王一样，沙莫林对这异域的来客也颇感好奇，在接见来客、为来客安排住宿的同时，也派遣官员登船了解情况。达·伽马一行在船上隆重接待了印度考察团，向客人介绍葡国的先王，夸耀列祖列宗的功业。不过谁也没有料到，即便是到了印度，巴克科斯仍未收手，他继续撺掇当地的穆斯林及沙莫林国王和宰相卡图亚尔，软禁了达·伽马及其随从，以阻挠船队返程。

经年累月的险恶环境早已磨炼出达·伽马的智慧与勇气，这次他没有再劳神灵之大驾。据史诗所述，达·伽马自己在沙莫林国王面前慷慨陈词，指责其不义之举，后者直听得羞愧难当。同时，宰相卡图亚尔受穆斯林怂恿行事，如今一怕阴谋败露，二则得到了葡萄牙人的好处，便放了个空当，让达·伽马一行溜走，酒神终未遂愿除掉达·伽马。

船队抵达印度并且平安归返，不仅完成了葡萄牙国王的命令，也标志着维纳斯一方的最终胜利。为犒赏这些饱经磨难而不辱使命的勇士，维纳斯在船队返程时，直接在海上变出一座爱情岛，以供他们休憩娱乐。达·伽马来到岛上,随海洋女神忒提斯①参观了揭示天堂层级的圆球模型,葡萄牙王国光明的未来与宇宙的宏大结构一并展露于眼前。其后,船队凯旋葡国,全诗结束。

《卢济塔尼亚人之歌》气魄非凡:时间跨越数千年,上可追溯至神话时代的亚尔古英雄,下能流转到卢济塔尼亚光辉的未来;空间纵横几万里,读者跟随达·伽马的船队,自欧洲大陆的最西端出发,经加纳利群岛、大西洋、非洲西海岸、好望角、东部非洲、印度洋等地,直抵东方。更难得的是,我们还可以目睹现实世界中不存在的异景:奥林波斯山圣域、神灵欢歌的爱情岛、忒提斯天球呈现的九重天堂。纵使置于世界史诗之丛,《卢济塔尼亚人之歌》也是瑰丽雄奇的一部,当中既有时空的宽广,也有世界的鸿庞,更有人类意志品质的高高飘扬。

之所以要排出这么大的阵仗,是因为卡蒙斯不但要讴歌达·伽马,还要讴歌集体的卢济塔尼亚人。甚至于说,卡蒙斯当时创作《卢济塔尼亚人之歌》,更有颂扬基督、传播福音的宗教立意在里面。另外,卡蒙斯当过一段时间的宫廷诗人,曾经在宫廷王驾前吟过诗、作过歌,这一方面证明卡蒙斯本人有着非同一般的创作水平和文学造诣;另一方面也说明,哪怕是写些生活即景,卡蒙斯的创作也必然会惯性地讲究炼字、追求格调。《卢济塔尼亚人之歌》中就有很明显的

---

① 忒提斯:涅柔斯和多里斯的女儿,珀琉斯的妻子。她是海中女神中的最长者。

体现：神名如数家珍、典故信手拈来、格律极巧穷工、词藻精绝流丽，这些让卡蒙斯写出的史诗有别于大多数来自口传的作品，而显露出万分耀眼的艺术价值。恩格斯在读完《卢济塔尼亚人之歌》后，也不由得赞叹"葡萄牙语简直如绿草鲜花海洋中的波涛一般优美"。

的确，从语言的角度看，卡蒙斯创作《卢济塔尼亚人之歌》，借鉴了不少卡斯蒂利亚语（即后来的西班牙语）的词汇，既丰富了葡萄牙语的词库，也奠定了葡萄牙语的规范。卡蒙斯以他一部作品，为葡萄牙语的发展做出了不可磨灭的贡献，他本人也荣获"葡萄牙最伟大诗人"的名号。而如果主语换成是《卢济塔尼亚人之歌》这部作品的话，则可以说《卢济塔尼亚人之歌》不但在内容上宣明了葡萄牙国家的独立性，同时还通过重塑语言规范巩固了这种独立。

《卢济塔尼亚人之歌》是典型的文艺复兴时期作品，字句间是浓厚的人文主义色彩。首先，我们从卡蒙斯把无数古罗马神祇纳入诗中，并让人界和神域紧密相连，就足以看出诗人所尊崇、凭依和发扬的，正是古希腊与古罗马的文明瑰宝。其次，史诗写神，最终无一不落到"人"，恰恰是人之主体性的突出。尤其是达·伽马敢于违逆酒神的意愿，坚持航海去往印度，更是对人本思想的印证。此外，如果整体且动态地考察达·伽马船队的航行过程，我们会发现这种思想在诗中是不断炽烈、渐次高涨的。先是人在神意并不明确的情况下，立志要出海，所以最开始遇到酒神布下的局，包括达·伽马在内的船员，不是上当受骗，就是束手无策，末了还得让维纳斯等神祇亲自前来解决。但随着阅历和经验的增加，人的力量开始壮大，这直接表现在面对印度国王沙莫林的发难，在没有维纳斯相助的情况下，达·伽马也已经能凭自己的顽强意志和出色能力做到基本解决，最终全身而退。它所传达的，正是文艺复兴时期文学常强调的一个主题，即人可以依靠自己，从容迈过即便是神设置的沟壑，开启自己的未来与命运。

更有趣的是，人从对神意的依附中独立，这个过程还是由神来完成并最终认证的。忒提斯在爱情岛上带达·伽马参观天球，介绍世界奥义、宇宙每一重天等一系列言语，似乎包含着某种潜台词，大意是：神在此宣告，把神在地上的权力让渡于人类。卢济塔尼亚的命运，交由卢济塔尼亚人掌握；人类的未来，交由人类自己创造出光。

还有一点值得读者去注意，卡蒙斯开始创作《卢济塔尼亚人之歌》，是在狱中，写成的时候约是 16 世纪六七十年代，正是诗人人生和葡萄牙运势都在走下坡路的时候。不久之后，1580 年，葡萄牙就被西班牙哈布斯堡王朝吞并，成了宿敌的附庸。处在这一关键历史节点的诗人，心情是复杂的，个人与国家的荣光俱成往事，即使还沾染着大航海时代的余晖，也终究阻止不住江河日下时的倾颓。因此，《卢济塔尼亚人之歌》在歌颂以外，多少还超前地裹挟了一些现实主义的辛辣讽论。

大航海时代赐葡萄牙以繁荣，一道也带去了贪婪、自私等等滋生自钱财的恶德。在当时，逐利贱义的风气弥漫朝野上下，被卡蒙斯瞧在眼里，影射于诗中。至于为什么说是影射呢？因为既然确定了史诗意图是要歌颂卢济塔尼亚人,则意味着卡蒙斯不会出尔反尔地再去直指其弊,而是换以曲迂的方式。诗人不很地道和公正地把"恶德"的帽子扣到穆斯林头上,一来完成了宗教上对基督教的抬高,二来可以将穆斯林塑成当时葡萄牙人的替身,一吐心中欲吐之劝诫。

此类劝诫,往往独立于故事之外,形容起来像是说书人聊的闲白、评论家做的注脚,属于口传文学的一大特点。卡蒙斯把它拿来融进了自己的创作,意思是说《卢济塔尼亚人之歌》本不源自于口述,却刻意要向口传文学靠拢,营造出这种复古的情境来。在诗歌第八章的最后,便有这么著名的一处。

鉴赏这一处劝诫之前,让我们先来看看这段劝诫的发生背景:印度国王沙莫林软禁了达·伽马,命宰相卡图亚尔负责监管等事宜,但卡图亚尔生性贪婪爱财,收受了葡萄牙人的财货后,全不顾"责任、义务、王命、诺言"(第八章·94节),放走了达·伽马。对于金钱竟能将一国之宰相操纵至此,卡蒙斯在第八章的最后两节里,慨叹大抒:

> 黄金使坚固的城堡开门投降,
> 黄金使亲朋反目,出卖友情,
> 黄金使最高贵的人微卑下贱,
> 黄金使最勇敢的人丧节叛变,
> 黄金使最纯洁的人失去贞操,
> 黄金使最名誉的人丢人现眼,

> 黄金有时候甚至能败坏科学,
> 黄金使人类丧尽良知和理智。
>
> （第八章·98节）

> 黄金可以巧妙地曲解文章,
> 黄金可以把法律弄于股掌,
> 黄金可以让人们赌誓扯谎,
> 黄金可以将仁政变为暴政。
> 黄金甚至能令那些献身于
> 上帝的神父也千百次堕落,
> 这真正是一个绝妙的讽刺,
> 却一个个仍然是正人君子！
>
> （第八章·99节）

连续的铺排,是对金钱的精辟注解、深刻剖析,感叹的意义也超出了故事本身,放到任何时代都能适用,都可警醒世人。同时,透过语力和语气,我们似乎也能揣度出：这是诗人憋闷已久的心声,表面是在讽刺卡图亚尔宰相,实质上是在说给所有读它的葡萄牙人听。

尤其在全诗的最后一章,也就是第十章,当所有有关达·伽马航海之事都尘埃落定,当我们的诗人终于能作为卡蒙斯自己,而不是一个讲故事、写故事的人来独白心迹的时候,他所有的关怀,仍统统落在葡萄牙的命运上。卡蒙斯对民族和祖国,始终抱以深沉、纯粹的情感。纵陷于囹圄,纵颠簸在去往他乡的船上,纵饱尝了人生的各种苦辛,他的关怀都未曾变得寒凉,他还是这样说道:

> 缪斯女神啊,我不愿再歌吟,
> 我的琴弦已失调,喉咙嘶哑,
> 可这并不是由于过度地歌唱,
> 只由于听众冷漠,不见知音。
> 祖国不肯稍稍赐我一点恩惠,
> 以激励我的灵感和艺术才情,
> 她已沉沦于一味的贪欲之中,
> 一筹莫展野蛮愚昧死气沉沉。

(第十章·145节)

> 不知被何种厄运的阴影笼罩,
> 使她缺乏轻松而骄傲的活力,
> 让人民永远振奋,精神鼓舞,
> 乐观向上地迎接艰苦的努力。
> 我的陛下啊,正因为是这样,
> 冥冥上苍让你登上国王宝座,
> 看你将主宰何等优秀的臣民,

比一比你周围的其他民族吧!

(第十章·146节)

没有十足的吹捧,亦无一味的消沉,卡蒙斯的爱理性而守中道。他对未来信心不减,否则也不会喉咙嘶哑了,还要竭力呼吁卢济塔尼亚人的优秀品质重新发扬。至于由谁来发扬,答案永远是卢济塔尼亚的子民,是人之本身。这是《卢济塔尼亚人之歌》留给葡萄牙的箴言。

史诗中英雄形象与神祇形象的设立
神祇的派系斗争

《卢济塔尼亚人之歌》,在达·伽马航海的小背景后,又布置起一个由古罗马神话众神构成的恢宏大背景。于是,不论是从具体内容上,还是从再抽象些的逻辑联系上,人的故事都与神的意志紧密呼应起来。史诗之内,借着神祇的加持,这场轰轰烈烈、连衔东西万里的远洋航行,益发显得光辉且伟大。而跳到史诗外再看,神与神的关系、神与人的沟通,乃至葡萄牙与古希腊—罗马文化的纽带,均被一一揭示。这些东西,无疑在文学价值上为整部史诗增添了厚度,立体化的谱系脉络也让达·伽马的航海更具可读性。

《卢济塔尼亚人之歌》的第一章里就交代说,达·伽马这次探索东方的航行受到了众神的关注。当船队绕过好望角沿非洲东岸北上时,奥林波斯山上的众神开始注意起这群葡萄牙人来。为此,本来很少过问人间事的神尊仙家,专门召开大会进行了讨论。很明显,卡蒙斯欲借此夸耀葡萄牙的远洋航行是一场超越人类、震动神灵的壮举,其历史意义是非凡的。不过五百多年后的今天,客观而论,卡蒙斯当时的溢美之词并不算过分,大历史观下的大航海无愧为一次人的神举,后世学者也多用千帆竞发的公元1500年左右作为世界历史上古代与近代的分界,因为从那时起,世界当真是挥别了"互为孤岛"的往昔。

我们来看看史诗中所描绘的这场诸神大会上发生了什么:

> 朱庇特的一席话刚刚说完,
> 众神祇便按座次发表演说,
> 他们议论纷纭,矛盾重重,
> 每个神祇都有不同的理由。
> 巴克科斯的心中愤愤不平,
> 他不满朱庇特的那篇宏论,
> 深知若让这些人到达东方,
> 他在那的功绩将毁于一旦。

(第一章·30节)

……

美丽的爱神反对巴克科斯:

她钟情于卢济塔尼亚勇士,

从这些远航者的身上看到,

可爱的罗马人的高贵品质:

他们意志坚强,吉星高照,

这早已在丹吉尔①战场证实,

他们的语言,更令人幻想,

简直是稍不纯正的拉丁语。

(第一章·33节)

可以看到,对于达·伽马船队的航行,罗马众神产生了分歧:支持方以爱神维纳斯为代表,反对方则以酒神巴克科斯为代表。按照诗中解释,维纳斯(库忒瑞)之所以支持达·伽马的航行,主要是因为:

◎ 维纳斯从远航者身上看到了昔日罗马人坚毅、高贵的品质;

◎ 葡萄牙远航者说的语言与罗马时代的拉丁语极其接近,简直是"稍不纯正的拉丁语";

◎ 维纳斯从命运女神帕耳开三姐妹那儿获悉,这些航海者每到一处,都将为她这位美神修筑庙宇,以歌功颂德。

---

① 丹吉尔:葡语为 Tānger,北非城市,与直布罗陀相峙,是扼守地中海门户的战略要地。

除维纳斯外,达·伽马的"后援团"还包括战神玛尔斯[1]、海神涅柔斯、忒提斯、狄俄涅[2]、神使墨丘利等其他神明,他们在帮扶船队上都做出了贡献。比如说,当维纳斯在众神的讨论会上公开表明自己支持达·伽马、反对巴克科斯的立场后,众神祇争吵起来。卡蒙斯描述这场仙界论争激烈到"把林中参天大树枝干吹断/整座山峦发出呜呜的低吼/树叶在狂舞,山野在沸腾"(第一章·35节)。正在这时,玛尔斯挺身而出,用战神的威怒震慑了全场,"战神的面色似乎略带阴郁/把坚固的盾牌向身后一掠/那一脸怒容实在令人生畏"(第一章·36节)。

只见战神在朱庇特面前慷慨陈词,赞美朱庇特,还有这群来自葡国的威武的船队、强悍的勇士。

> 他说:父王啊你创造一切,
> 任何人都应服从你的帝权,
> 如果你这样热爱这些勇士,
> 寻找新天地的勇气与事业,
> 又何必像你所安排的那样,

---

[1] 玛尔斯:古罗马神话中的战神,相当于古希腊神话中的阿瑞斯。他是朱庇特与朱诺的儿子,是凶残好战的化身,也是传说中古罗马的建城者罗穆路斯和瑞穆斯的父亲。卡蒙斯的史诗中多次涉及玛尔斯与维纳斯的爱情关系。
[2] 狄俄涅:大洋神女之一,被认为是维纳斯的母亲。

> 长久以来让他们遭受挫折，
> 正因为你就是直接的裁判，
> 不必听显然居心叵测的理由。
>
> （第一章·38 节）

听过玛尔斯的直言，朱庇特微微颔首，众神祇见神王朱庇特都赞同玛尔斯的观点，便也不再争论，这场风波才算平息。而在故事后续的发展中，正因为有狄俄涅在朱庇特面前求情，有墨丘利在梦境中劝离，达·伽马一行才涉险过关，最终抵达印度。

至于酒神巴克科斯，他为什么从一开始便坚决反对葡萄牙人的航行，卡蒙斯也做出了解释，那是因为他同样从命运之神处知晓说："将有一个最强悍的民族 / 远渡重洋，从西班牙而来 / 把多里斯怀抱的印度统治"（第一章·31 节）。这次航行如若成功，则其意义莫大，以至于说"新的胜利将超越千古功业 / 任何人都难以同他们相媲"（第一章·31 节）。酒神在很久以前就征服了印度，故一直享受那里的祭祀，如若让达·伽马踏上这片陆地，当地的人们必会改弦更张，转而供奉维纳斯。归根结底，达·伽马是维纳斯和巴克科斯利益、威仪甚至颜面争斗的焦点，其航行的成败直接关乎两位神祇在天人两界的地位。

人的身后笼罩着天神的权斗，卡蒙斯这么安排，继承的也是古希腊—罗马神话的传统。众所周知，古希腊—罗马神话的一大突出特点便是人性与神性的统一。在基督教尚未占领欧洲人思想精神高地的神话时代，你会发现所谓的奥林波斯十二神，也会而且是经常会犯宗教里所说的"七宗罪"，犯傲慢、嫉妒、色欲、暴怒等理应是人类所犯的恶行；而像维纳斯和巴克科斯这般与人类无异地为私利钩心斗角的例子更是俯拾皆是。不夸张地讲，神话故事花样纷呈，却几乎都千篇一律地以恶德、丑行为始因。更有意思的是，天神的问题如果天神自己无法调和，人类有时竟能在决断上享有举足轻重的地位，比如为解决一个象征美的金苹果的归属问题，女神们会使尽浑身解数讨好人世间的帕里斯，又如雅典娜（密涅瓦）和波塞冬（涅普顿）围绕雅典的命名而争执不下，最后是让城里的人民进行选择才得以确定。

人的决断，某种角度上就是人的自夸。人类活动感应着神的驱使，神的世界亦受人类活动的影响。人与神，由是关系异常之紧密，联动异常之灵敏。所以我们有幸能欣赏如此颇显生趣的图景：地上的人忙着探索、征伐、创造，天上的神跟着一起，时愤恨、时兴叹、时欢喜，忙得更加不亦乐乎。

回到《卢济塔尼亚人之歌》上来，在此我们需探究一个问题：为什么卡蒙斯要选择让维纳斯站在英雄的主人公一方，而把神话中常以率真可爱形象示人的酒神巴克科斯放在了对立的、反面的位置呢？

综合维纳斯的特点、史诗所描述的内容以及诗人的背景，可以说，选择维纳斯作为船队的庇护神及全诗第一大正面神祇的原因，大致有如下几点：

◎ 维纳斯本就比一般神祇更受人尊敬。判断某神受爱戴的程度，很有效的一条参考指标便是看其与人类生产生活的关系有多紧密。维纳斯不仅是美的浓缩，同时还掌管着人间的爱情与生育，她自己就是天空之神乌拉诺斯的生殖器掉入海中幻化而成的，所以其一出生便带着性的喻示。而对人类来说，重视种族的延续而进行生殖（器）崇拜是再正常不过的，生殖作为生物繁衍的基本功能及使命，无疑会永久贯穿于生命存在的历史。因此，在人口被视作绝对重中之重的古代社会，维纳斯女神收获的尊崇也可想而知，人们会把肉眼所见最亮的星唤作"维纳斯"（即金星 Venus），并用这颗星所走的五角星轨表示生命、元素、世界运转的平衡。

◎ 维纳斯诞生于海中泡沫的设定，既切合于航海，逻辑上也便于解释海中的一些神祇何以会向达·伽马提供帮助。维纳斯的本体虽为乌拉诺斯的生殖器，但也有赖于海洋的孕育之功，所以有时也会被解读为"海的女儿"。基于这层关系，涅柔斯、狄俄涅等神祇的助力变得合理了起来，诗中也说："因为维纳斯是在大海里出生/所有水中的精灵都对她顺从。"（第二章·19 节）而达·伽马之所以要为维纳斯兴建神庙，与之亦不无关系。

◎ 维纳斯是美神，与受新柏拉图主义影响的卡蒙斯所追求的完美女性形象是符合的，故达·伽马追求东方的新大陆，正如卡蒙斯欲借浩荡的文字追求完美；达·伽马幸得美神护佑垂怜，卡蒙斯同样怀抱类似的幻想才可能这么去写，他幻想心所仰慕的至善至美也会眷顾他的作品、遭际、灵魂等等一切。

不过,酒神与人类的交情也不可谓不深。巴克科斯的前身是古希腊神话中的狄俄尼索斯,他为地中海沿岸的人们带来了小麦、橄榄、葡萄酒,这些不仅是当地农业的主要作物,同时葡萄酒的出现,也给了人们新的消遣方式。每年春季葡萄发芽和秋收时节,人们都要举行酒神祭,与巴克科斯一起狂歌痛饮。我们从很多艺术作品中,都能看到酩酊大醉的巴克科斯与牧神的子孙、人类打成一片时的情景。

提香·韦切利奥《酒神的狂欢》
现藏于马德里普拉多美术馆

▌ 提香·韦切利奥《酒神巴克科斯与阿里阿德涅》
　 现藏于伦敦国家美术馆

▌ 阿尼巴尔·卡拉齐及其助手 法尔奈斯画廊壁画

虽然酒神原本也可亲可爱,但在《卢济塔尼亚人之歌》中,卡蒙斯仍将之安排成了头号的反派神祇,个中原因大致有以下三点:

◎ 神话传说里,达·伽马行将征服的印度地区正好归巴克科斯管辖,这点前文业已谈及。对于长驱直入的外来者,最不满意也最想阻挠他们的必定是巴克科斯神本尊。可以说,自船队起航伊始,冒犯酒神的罪愆便不可规避了。

◎ 从象征意义上讲,如果说维纳斯象征了圣洁之爱,那么酒神巴克科斯象征的即是俗尘之爱。关于这一点,我们可以从他与阿里阿德涅的风流韵事、从法尔奈斯画廊拱顶那辉煌的透视壁画里得到证实。而这种耽于官能、使人意乱情迷的爱情,正与维纳斯的爱相对立,也是卡蒙斯的审美追求彻底反对、鄙弃的。

◎ 巴克科斯虽给予人们麻醉的快乐,可这种快乐正是任何强调组织纪律性的团体需要主动远离的。对于勠力同心、攻难克险的船队,巴克科斯那种"今朝有酒今朝醉"的处世哲学显然很不适合。卡蒙斯所要刻画的,是在船长达·伽马领导下纲纪严明的葡国雄师,因此必须要同自由散漫的酒神形象划清界限,甚至不惜对立起来。

而身为读者,我们更有必要始终清醒地认识到,在现实中,这些大航海时代的水手们并非善类,且不论他们之中的绝大多数是由于生活所迫而选择了漂荡无定的冒险生涯,有一些还是"因犯罪而被判刑的囚徒"(第二章·07节),就是对任何一名普通人而言,在封闭的船舱、颠簸的甲板上为饥饿、为疾病、为能否看到明天的太阳而焦虑,都是难以忍受的。他们的纪律性,也仅仅体现在海浪翻覆之中。一旦下得船舷，久别陆地的水手不仅同样是巴克科斯的化身，还可能个个都是邪恶与淫欲泛滥的潘神。后文会讲到的、同时也是《卢济塔尼亚人之歌》所状写的一个颇为著名的意象"爱情岛"，就潜跱了卡蒙斯对现实的一些投射。

维纳斯与巴克科斯斗法

回到玛尔斯的演说。战神玛尔斯凭借他无比的威严，成功平息了讨论会上的风波后，众神起身告辞，各返居所。但在这一片太平下，维纳斯与巴克科斯间的争斗已然拉开了序幕。

《卢济塔尼亚人之歌》中记述，船队行至东非海岸时遇见了摩尔人，达·伽马船长在船上设宴款待，并带他们参观海船。但是，当摩尔酋长看到这些与他们不同信仰的冒险者，竟拥有着如此强大的武器装备，原先的一团和气被仇恨与妒忌的火焰吞没。

巴克科斯在天上望见这些，计上心来。他摇身变作一位摩尔长者，撺掇愤懑的摩尔酋长说：那群葡萄牙人"所经之处总以和平条约停泊 / 紧接着便烧杀抢掠无恶不作"（第一章·78 节），他们"从远方带来了对付我们的险恶的阴谋 / 目的是屠杀和掠夺我们 / 把我们的妻子儿女奴役"（第一章·79 节）。

酋长闻言怒不可遏，继而遵从长者的计策，找来一名领航员，命他把达·伽马的船队"带到覆灭的地方 / 叫他们船破人亡葬身鱼腹"（第一章·81 节）。于是在航行途中，摩尔领航员两次指向穆罕默德信徒群集的岛屿，并谎称岛上自古便居住着信奉基督的人，而对此,达·伽马也两次轻信。第一次的吉洛亚岛,由于维纳斯刮起逆风,航船未能着岸。到第二次的蒙巴萨岛,被巴克科斯蛊惑的国王在岸上设下罗网,只待猎物自投。结果就在船队毫不知情地向港湾驶去的当口,维纳斯亲自挂帅,召集海洋众精灵下界拯救了将有灭顶之灾的达·伽马一行,读者也有幸能在《卢济塔尼亚人之歌》中欣赏到波澜迭起、精彩纷呈的人神之战:

美人鱼匆匆用她银色的尾巴,
在海面掀起一路白色的浪花,
克罗托也不似平日那样温柔,
猛劲地用酥胸劈开一条水路,
巴萨跳跃着,在海面上飞奔,
涅丽娜奋力扑向汹涌的波浪,
见到大海的女儿们如此匆忙,
恭顺的海浪吓得忙让开道路。①

(第二章·20节)

美丽的狄俄涅女神怒气冲冲,

---

① 该节出现的克罗托、巴萨、涅丽娜均为海中女神的名字,但出处不详。

她骑在特里同①肩上面颊涨红,
驮负着如此的美人怎不骄傲,
特里同浑然觉不出她的体重。
众仙女来到英勇的船队附近,
强劲海风吹鼓了白色的帆篷,
海船正乘风破浪轻捷地航行,
众仙女散开阵形将船队围拢。

(第二章·21节)

美丽的维纳斯率领着众仙女,
勇敢冲上去把旗舰迎头拦住,
封锁住船队驶向海湾的航道,
任风帆涨满海船却难以前进。
娇嫩的胸膛抵住坚硬的龙骨,
迫使牢固的大海船向后倒退,
有的仙女四面八方将它抬起,
把船队拖离充满敌意的海港。

(第二章·22节)

---

① 特里同:古希腊神话中的海上精灵。他是涅普顿和萨拉喀亚的儿子。到公元前4世纪,特里同的形象已失去了个性的特点,神话中提到的已不是一个特里同,而是许多特里同,他们是海上的狂暴的自然力的化身。海上的小特里同是次要的神灵,他们为主要的海神服务。特里同和小特里同通常被描绘成跟涅普顿和海中女神等神祇待在一起。

> 真仿佛是一群勤劳的蚂蚁,
> 同心协力把食物抬向洞穴,
> 为了应付严冬之敌的威胁,
> 他们不懈努力,艰苦卓绝。
> 众仙女就是这样不辞辛劳,
> 她们表现出想不到的勇气,
> 就这样阻止了悲剧的发生,
> 使船队避免驶入覆灭境地。
>
> (第二章·23节)

我们从以上的叙述中,仿佛能感觉到维纳斯一方的神祇,纵是投身战争,仪态优雅也是丝毫不减;而酒神,总是表现出一副煽风点火的小人嘴脸。至于描写人类对阵的双方——达·伽马(基督徒)与摩尔人(穆斯林),卡蒙斯更是带有明显偏向地进行了对比。达·伽马麾下的船员奋力拼搏,"喊起可怕吓人的劳动号子/巨大的声音吓坏了摩尔人/仿佛听到战场上杀声四起"(第二章·25节);摩尔人"一个个突然之间,纵身跳上来时乘坐的小船/还有人一头扎进滔滔大海/游泳逃命顾不得水深浪急"(第二章·26节)。

其实说到底,维纳斯和巴克科斯的斗法不过是文学的臆造,如结合真实的历史,《卢济塔尼亚人之歌》全篇这些冲突的现实依据,还应是宗教信仰的矛盾。可以看到,巴克科斯阻碍达·伽马船队的伎俩,并非没事找事、无中生有,而只是往摩尔人愤恨的干柴上扔一星谗言的火苗。当然，宗教间相互歧视、相互攻讦不应提倡，但又得承认，诗人对葡国水手英勇品质的刻画，正合史诗的表现手法，从文学效果的角度来评判，是成功的。

巴克科斯的煽动让达·伽马即便到了印度卡利库特，仍不得消停。在史诗的第八章，面对计划逐一失败，面对印度洋的海怪也奈何不了船队的事实，面对明知无法逆转命运女神做出的预言，执着的酒神和在蒙巴萨一样，伪装成先知出现在一名虔诚的穆斯林阿訇的梦境里，警告说假如该国的沙莫林国王与达·伽马订立合约，则必会置国家于危难之中。阿訇骤醒，忙召集宗教头目商议，并决定用重金收买当地权贵，定不能让这些葡萄牙侵略者得逞。

不料次日，就在偏听偏信的沙莫林国王意欲毁约之际，达·伽马获得了维纳斯降赐的灵感，在朝堂上"敞开英明的心怀直吐胸臆"（第八章·64节），谴责了对方的背信之举，阐述了葡萄牙人从早期征服一直到抵达印度这段"筚路蓝缕，以启山林"的历史。沙莫林为了商业利益，终于与葡萄牙人达成协议，酒神的阴谋又一次落空。

达·伽马的这番执言，和玛尔斯在朱庇特前的陈词一样震撼，和维纳斯领导的海战一样辉煌，其思路之清晰、情感之动人、气势之磅礴，拿到今天仍是演讲的典范，也可看作卡蒙斯对葡萄牙远洋扩张的一次完美的正名。我们选中间段落领略一二：

> 假如想获得任何巨大利益，
> 都必然要付出相应的代价，

希望之旅步步伴随着恐惧,
成功之树从来以血汗浇灌。
现在你违背着自己的理智,
一味相信本不该相信的人,
相反却对我的真诚和事实,
表示出如此无理由的怀疑。

（第八章·66节）

假如我真是海上抢劫的强盗,
流窜四方,被祖国无情流放,
怎可能来到如此遥远的地方,
寻找这前途未卜的偏乡僻壤?
怎闯破如此惊险的狂涛骇浪?
甘冒白羊座下难忍受的酷暑,
和那南极一带难想象的寒冷?
是为了什么利益还是什么希望?

（第八章·67节）

假如你要求我以贵重的礼物,
作为我这篇言辞的可靠凭证,
我此行的目的仅是为了揭开,
你的古国所处之地的大自然。

如果命运之神能赐我以恩宠,
使我得以返回那亲爱的祖国,
当我再次到达时你将会看见,
给你带来怎样的珍贵的礼物。

（第八章·68节）

假如以为伊比利亚尽头之国,
遣我来见你是不可思议之事,
那么志向远大的国王的心胸,
当知世间没有高不可攀业绩。
只有那些具备崇高信心的人,
只有信仰坚定的人才能相信,
卢济塔尼亚国王是如此强大,
才能理解他高贵非凡的理想。

（第八章·69节）

要知道我们祖国的历代先王,
向来都是意志无比坚定的人,
他们立志战胜一切艰难困苦,
去开创前无古人的伟大功业。
他们去探索茫茫无际的大海,
去寻觅苟且偷安的敌人作战,

他们立志要寻找到天涯海角，
世界边缘最遥远的那片海滩。

（第八章·70节）

……

坚强的意志和巨大的信心，
我们就这样战胜命运之神，
一直抵达你这陌生的土地，
在此建树起最后一块石碑。
冲破那可怕的风暴的袭击，
战胜海上狂涛恶浪的威力，
我们一直到达陛下的面前，
只为给国王带回一点证据。

（第八章·73节）

国王陛下，这便是全部的事实，
若非如此何苦为可怜的赏赐，
生死未卜的结局冒这种风险？
谁又能甘心这样长久地等待，
又何苦编造一篇空洞的谎言？
假如是靠掠劫而致富的海盗，
不该早回到永远汹涌的大海，

逍遥在忒提斯母亲宽广怀抱?

(第八章·74节)

率领众人同摩尔兵作战,闯过海妖把守的印度洋,为了国家利益陈情而不惜身陷囹圄,酒神的每次刁难都给了达·伽马名垂千古的机会。从结果来看,维纳斯一方取得了最终的胜利,达·伽马也完成了从无数航海家中脱颖而出,成为葡萄牙民族英雄乃至封神封圣的蜕变。

英雄人物的神化

凭借洋洋洒洒的一部《卢济塔尼亚人之歌》,卡蒙斯把达·伽马的东行打造成了葡国版的《奥德赛》,且这版《奥德赛》的主人公是确实存在于历史中的。而我们每每将达·伽马和神话传说里的角色放在一起比照时,卡蒙斯对这位葡萄牙英雄的神化已然是见了成效。

像达·伽马这样本就称得上英雄的人物,史诗作者同样也会有意识地放大其功绩,凸显他不同常人之处,此为必要之第一步,即"历史人物英雄化"的过程。劈波斩浪、从容无畏地驰骋于大洋,航海者在诗家笔墨的倾吐中,俨然是逾山越海的尤利西斯、挥剑东指的亚历山大[1]、彪炳史册的埃涅阿斯。

---

[1] 亚历山大:马其顿国王,少年就学于亚里士多德,醉心于荷马史诗中的英雄人物,建立了亚历山大帝国。但帝国因缺乏统一的基础,公元前323年,亚历山大病死后,迅即瓦解。

卡蒙斯写《卢济塔尼亚人之歌》，恰恰是受了维吉尔《埃涅阿斯纪》的影响。我们能找到两部鸿篇中相似的细部，比方说墨丘利催促达·伽马开船以避祸，一如这一神使在《埃涅阿斯纪》中劝说埃涅阿斯起航；再有，《卢济塔尼亚人之歌》讲述了基督徒同穆斯林的孽缘，而《埃涅阿斯纪》则讲了特洛伊人（包括罗马人）同迦太基人的孽缘。

情节的似曾相识只能算表面的现象，若要论内核性的东西，则《卢济塔尼亚人之歌》从《埃涅阿斯纪》那儿承续了摹写史诗人物时排在"历史人物英雄化"之后的第二步，即"英雄人物的神化"。卡蒙斯同样有意识地把史诗作品往神话的方向靠拢，这么做的直接结果就是：神话性史诗中的英雄人物一并被神化了。和埃涅阿斯终升为英帝格斯神的逻辑相吻合，卡蒙斯意图里要让达·伽马完成的，也是超越英雄，向神明趋近。

诗人在作品多处都表达出自己所持的人定胜天、人能成神的野心，例如第九章中说：

> 英雄以艰苦奋斗，智慧才干，
> 建树永恒的不可超越的功业，
> 世界给他们令人羡慕的奖赏，
> 无非是以凡人之躯名列仙籍。
> 朱庇特，墨丘利，奎里努斯，

福玻斯[①], 玛尔斯, 两位忒拜人,

赛丽斯, 帕拉斯, 埃涅阿斯,

他们原都不过是弱小的凡人。

(第九章·91节)

　　神祇本是凡人,那么横绝大洋的英雄达·伽马一样具有成为神祇的资格。而论及英雄与神祇的关系,一般来说,当我们能从史诗长卷中望见神祇满天的时候,英雄人物是作为连通人神的媒介存在的,甚至最后还有机会足登神界,位列仙班,与玛尔斯、维纳斯、涅普顿等神祇比肩。

　　为实现英雄人物神化的意图,卡蒙斯的手段就是让诸神在《卢济塔尼亚人之歌》中轮番登场。不管是起促进作用的维纳斯一方,还是起阻碍作用的巴克科斯一方,神的行为、言语在主客观上施加的影响,都是对达·伽马人格的升华与神格的塑造。这时候,存在部分虚构性的史诗,也分享了神话的部分性质,权可视如神话。

　　神话,或拓展到神话体系,有两方面含义:

　　◎ 神话是对时代久远的、带有宗教或哲理性的事件的叙述。

　　◎ 神话是故事范畴的组成部分,主题涉及爱情、死亡、战争、妒忌、复仇或对自然物的统治等等,意义较深刻,人物形象超拔常人,

---

[①] 福玻斯:希腊语为"光灿夺目"之意,代指阿波罗。阿波罗曾从墨丘利处获得七弦琴,成为音乐之神。

兼有神祇出现。而神话体系，是有组织的神话集合，呈示出生与死、凡与圣、人力与神力间的矛盾冲撞。正如《卢济塔尼亚人之歌》首章的叙述中，人的行为已紧密地联系起神界，且开始与酒神的意愿产生对抗。卡蒙斯意图通过达·伽马、达·伽马意图通过伟大的航行，违逆旧有神话，创立属于葡萄牙人的新神话体系。

史诗第九章出现的"爱情岛"，能够帮读者更好地理解英雄人物的神化。我们先交代一下爱情岛具体是何时，又出于何种原因、何种背景出现在诗中的：

◎ 在第九章起首，达·伽马已经从印度卡利库特踏上返程之路（第九章·13—17节）；

◎ 维纳斯意欲犒劳完成使命的葡萄牙人，予他们以"艰苦努力之后应获的光荣/千辛万苦之后应得的享受"（第九章·18—21节）；

◎ 维纳斯托付丘比特，把宁芙作为对船员的奖赏，"让爱神之箭射中/涅柔斯的女儿们心灵深处/让她们心中对奏凯而归的/新世界发现者燃烧其爱情"（第九章·37—42节）。

于是，维纳斯在浩瀚的海上变出一座仙岛，即"爱情岛"，并唤来海中仙女宁芙在那里设宴迎接归来的众水手。第九章后半部分说的，便是水手们无比浪漫的岛上经历。第52—53节里描述的是小岛出现的场景；第66—70节里，我们可以看到水手与宁芙相会的场面。

那座秀丽的小岛浮在浪尖，

被维纳斯迎着航向推送来,
宛如乘风破浪的白色风帆,
这样把小岛送入船队视野。
阿西达利亚女神无所不能,
为了不让航船把小岛错过,
她把小岛推到船队的前方,
让船队按照她的希望停泊。

(第九章·52 节)

见船队发现海岛朝她驶来,
女神就把这座浮岛固定住,
仿佛勒托分娩的德罗斯岛,
她在那儿生下了一堆胞胎。
船头劈开海浪朝那儿驶去,
海岛的岸边有一个小海湾,
曲折而幽静,白色的沙滩,
上面点缀着库忒瑞的贝壳。

(第九章·53 节)

……

久久渴望着陆地的壮士们,

此刻已踏上了海岸的沙滩，
他们一心想寻获一些野味，
没有一人留在海上的船队。
可谁也没想到在那座岛上，
既无须套索，也无须罗网，
就能捕获一种温驯的尤物，
她们被厄律克斯金箭所伤。

（第九章·66节）

有人手里拿着火枪和弓弩，
毫不犹豫钻进了丛山密林，
在繁茂翠绿的乔木灌木中，
搜寻着欢蹦乱跳的小麂鹿。
还有人乘着林叶间的荫翳，
躲避中午太阳的炎炎暑气，
沿着潺潺的小溪溯流而上，
溪水戏着白卵石流向海滩。

（第九章·67节）

水手们突然惊奇地发现，
在茂密的翠枝绿叶之间，
闪闪晃动着绚丽的色彩，

又不像是绚丽的玫瑰花,
却像柔软的呢料和绸缎,
用它打扮起人中的玫瑰,
显得韵致更加富有魅力,
激起人们更强烈的爱情。

（第九章·68节）

威洛索不禁大叫：先生们!
这简直是一种绝妙的猎物!
假使古老的神话依然存在,
这林间一定居住着仙女儿,
我们发现了世间闻所未闻,
人们想也想不到的神奇事,
说明这世界对疏忽的人类,
还隐藏着无穷尽的神秘处。

（第九章·69节）

让我们赶快追赶上她们吧,
看究竟是仙女儿还是幻影。
说着水手们比鹿儿还敏捷,
沿着小溪飞快向山上奔跑。
众仙女在枝叶间躲闪藏匿,

> 与其说轻盈，不如说狡黠，
>
> 她们一边嬉笑，一边惊叫，
>
> 渐渐有意让猎兔狗追赶上。

（第九章·70节）

爱情岛是虚构的仙山琼阁，本不存在，却实实在在地提供着神界的快乐。船员在岛上享受到了人间所没有之优待，"他们在宫殿里消磨着时光／甜蜜的嬉戏，无边的快活，／女神在宫殿里获得爱情／姊妹们在丛林间享尽欢乐"（第九章·87节），愉悦尤甚于神祇。由此，读者也可以看到文艺复兴价值追求下以古希腊神话为背景的文学作品的显著特点，即英雄享受神的荣誉，不一定非要在死后实现，在其活着的时候也是准许的。这种观念和天生充满了末日愁思的北欧神话截然相反。北欧神话中的人类英雄，只有在战场上牺牲后才有资格进入瓦哈拉神殿，成为奥丁麾下的英灵神将，并于女武神瓦尔基里的温柔乡中沉醉。卡蒙斯用爱情岛的故事，诠释了南欧全然不同的英雄观。

《卢济塔尼亚人之歌》神化英雄人物，不仅仅是为他们提供神祇专属的食色奖励，而且在第十章，也就是全诗的终章，达·伽马还额外获得了海洋女神忒提斯赐予的神权——观览浓缩了宇宙万象的天球。

> 宴会上琳琅满目的玉盘珍馐，

满足着疲惫的人们身体之需,
美人鱼温柔甜美的轻歌曼曲,
唱出未来将发生的伟大事件,
优雅、庄重而美丽的忒提斯,
为了以一种最为崇高的荣誉,
使这个欢乐的节日达到顶峰,
便对无比幸福的达伽马说道:

(第十章·75节)

我的勇士啊,最高智慧之神,
赐你恩惠,让你以肉眼凡胎,
洞见可怜而荒唐的有死凡夫,
以及虚谬的科学办不到的事。
请率你的部下把我紧紧跟随,
小心翼翼穿过这茂密的山林,
说着,便引导船长穿越一片
荆棘丛生人迹难至的大森林。

(第十章·76节)

他们一同在林中行进了不久,
便来到那座巍峨的高山之巅,
那里到处嵌着翡翠和红宝石,

一看便知道来到上天的仙界。
只见空气中高悬着一个球体,
那只球体是那么晶莹而透明,
一眼便可以看透球体的核心,
它表面闪闪发出耀眼的金光。

（第十章·77 节）

看不清它是用什么材料制成,
却分明可见由几层球体构成,
这只球体乃是当初天帝所造,
一层层球体都环绕唯一核心。
只见它飘飘悠悠,忽高忽低,
在上下旋转,却不离开原地,
球体的每个角度都一模一样,
真可谓天球无缝,无始无终。

（第十章·78 节）

那均匀完美的整体自悬于空,
是宇宙按照自身复制的模型,
达·伽马船长一看见这个天球,
又惊讶,又好奇,无比激动。
美丽的仙女儿这样对他说道:

此乃一件缩小的宇宙之模型,
我要在这里把世界向你展示,
透露你将去之地和欲做之事。

（第十章·79节）

你看这茫茫太空和四大元素,
所组成的一具庞大世界机器,
最高深的智慧这样把它创造,
它既没有开始,也没有终极。
那环抱着这浑圆的球体以及它
如此光洁的表面者便是上帝:
然而没有人知晓何所谓上帝,
人类智慧难以达到这一高度。

（第十章·80节）

请你现在来看看这第一层天球
内部包含着其他更小的几层,
它放射出剧烈而灿烂的光明,
使人眼花缭乱对它充满憧憬。
这便是被人称作天堂的地方,
里面居住着纯洁无瑕的灵魂,
那里有唯独上帝才能理解的,

人世间难以比拟的巨大幸福。

（第十章·81节）

唯有真正圣徒才能在此居住，
而我，萨图尔努斯，雅努斯，
朱庇特，朱诺是神话中的神，
不过是人们臆造的盲目谎言，
这些神话只可用来创作诗篇，
如果说我们还有其他的功能，
便是用我们的名字为天空上
那些辉煌而灿烂的星体命名。

（第十章·82节）

在这种离奇的神话传说中，
朱庇特代表最神圣的仙界，
他掌管着整个宇宙和天地，
主宰天上地下的各路神祇。
能够预知未来的博大智慧，
以事实教人懂得这个道理，
善良的神引导和保佑我们，
丑恶的鬼时刻把我们迫害。

（第十章·83节）

人们在这件事上所见各异,
有人认为这是美丽的神话,
有人把它当作知识来传授,
古代的史诗为这些神命名。
但圣经只把那些陪伴上帝,
纯洁光明的天使称作神仙,
却不拒绝把这非凡的称呼,
也慷慨地赋予荒谬的鬼怪。

（第十章·84节）

归根结底由上帝操纵一切,
通过第二因支配世界运转。
现在我告诉你可敬的上帝,
创造出的高深莫测的作品。
在一动不动的第一层天里,
纯洁的神在那里荣享幸福,
下面另一层天轻盈地转动,
是肉眼难分辨的原始动力。

（第十章·85节）

整个天体内部的一切动力,
产生于这层天的飞速运转,

太阳借它的动力审慎运行,
依着轨道创造黑夜和白昼。
这层轻轻飞转的天球之下,
有另一层天球缓慢地运行,
光明的太阳转动二百周期,
这层天只能缓缓行走一度。

(第十章·86节)

请看这下面的另一层天球,
表面镶嵌着亮晶晶的繁星,
它们有各自的轨道与轴心,
发出瑰丽的光芒运营不息。
再看这层天球的中央部分,
有一条用黄金制作的长带,
金带上悬挂着十二个星座,
那便是福玻斯的十二行宫。

(第十章·87节)

你看它四周的一颗颗星星,
都构成美丽的一幅幅图形,
那就是大熊星和小熊星座,
仙女,仙王,可怕的天龙,

美丽非凡而高贵的仙后座,
面带怒容而勇敢的猎户座,
看那只临终前哀鸣的天鹅,
天兔大犬南船悠扬的天琴。

(第十章·88节)

这层繁星密布的苍穹之下,
是古神萨图尔努斯的天层,
它的下面是运行的朱庇特,
其次是威武尚战的玛尔斯,
光明的天目居住第四层天,
下面居住着多情的维纳斯,
然后是能说会道的墨丘利。
最后是三副面容的黛安娜。

(第十章·89节)

层层天球的运速各不相同,
有的缓慢,有的轻盈,
有的偏离轴心,忽远忽近,
还有的围绕地球附近旋转。
无所不能的上帝随心所欲,
创造出空气水火风雨雷电,
在这个天体最核心的地方,

是海洋与陆地构成的地球。

（第十章·90节）

人类就居住在这个中心上，
他们不仅无所畏惧地承受，
坚硬的大地上的一切苦难，
而且去经历大海上的动荡。
你看那被汹涌澎湃的大海，
分割得四分五裂的大陆上，
生活着不同的国家和民族，
有各自的国王、宗教和风俗。

（第十章·91节）

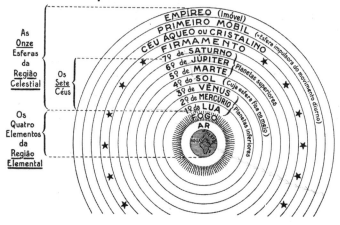

伊玛努埃尔·保罗·拉莫斯
《〈卢济塔尼亚人之歌〉宇宙天球层级结构图》

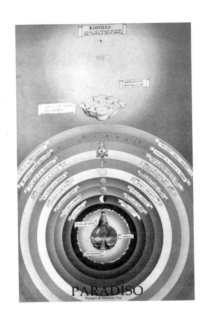

马西莫·多希
《〈神曲〉天堂层级结构图》

卡蒙斯承文艺复兴之旨归,把但丁笔下的九重天堂搬了过来,展示天球的忒提斯,一时也颇肖《神曲》里携但丁遨游太虚的贝阿特丽切。不过,卡蒙斯在终章写下这些文字的意义,绝不止于简单地介绍天堂的层层构架,而更多是对英雄人物神化的加深,末了再面向不朽的葡国冒险家以及伟大的卢济塔尼亚,喊出最后的颂言。

为何会这么讲?首先,假设我们真的置身于神话,则也只有神祇具备权柄和能力,以俯瞰旁观之姿体察宇宙。那么,当达·伽马完成了这属于神的举动,即进一步受到了神化。

再者，即便现实中神祇尽为虚妄，即便根本没有忒提斯的恩典，达·伽马也实现了自我的神化。对于一个把上帝割裂之陆海重又缝合的人，世界无外乎一粒掬不盈掌、揽可入怀的小小天球，达·伽马仅凭人力就做出了神举。此外，忒提斯为达·伽马洞启了上帝的视角，达·伽马则为葡萄牙叩开了世界的大门，他神祇般地赋予了卢济塔尼亚人体察世界的天球，至今这个天球，犹在葡萄牙的国旗上转动。

其实，我们谈论再多的神祇传说，终不及马克思那句论断精辟："任何神话都是用想象和借助想象以征服自然力，支配自然力，把自然力加以形象化；因而，随着这些自然力实际上被支配，神话也就消失了。"《卢济塔尼亚人之歌》正为我们揭露了人类历史的悖反：神祇掌控自然力，更是人格化的自然，人类一方面依赖它、忌惮它，故敬之顺之；另一方面想着征服它、支配它，故也违之逆之。而当无数个达·伽马完成了名义上对自然的征服、对自我的神化后，那些载录着功业的诗篇，是人之时代的赞歌，也是神之时代的挽歌。

史诗中的自然界描述及抒情诗段

早在葡萄牙文学的源头——中世纪抒情诗作品中，描写自然界就已经是一个制式的写作客体了。其间最为著名的代表作家，同时也是葡萄牙勃艮第王朝的第六位君主迪尼斯一世，他的友情诗（中世纪抒情诗的一类）便常常会选取那些观感雅致的动植物，作为表达主题前的铺垫。这种委婉含蓄地烘托情感的手法类于《诗经》的比兴，对自然景物的描绘往往是重要的，但也往往不是最重要的。描写周遭环境只是一种辅助性手段，这在《卢济塔尼亚人之歌》里也同样可见，因为其中可以找到大量对自然的描写，却又几无一处是为写自然而写自然，排布上也是零零散散，鲜能集中。

诗人把自然环境铺写得最浓墨重彩的一处，是介绍爱情岛的第九章。从各层面考量，不论是故事内容还是逻辑结构，第九章在全诗中的地位都不容小觑。该章中，维纳斯为凯旋的船队安排了丰厚的奖赏，变出了一座尽是美景、珍馐与仙女的岛屿供船员享受。也正是从这一章开始，如前所述，达·伽马及其随员开始了与神灵直接的、现实的接触，达·伽马本人也被忒提斯特许观看天球，获得了神的权力，并完成了自我的神化。

第九章的开头一部分（01—15节），讲述了两名葡萄牙人的代理商欲与卡利库特的商人贸易，却遭到当地穆斯林的阻挠。站在达·伽马一边的蒙萨德，向葡萄牙人透露了穆斯林所谋。正当达·伽马准备将两个代理商召回船上，方知二人已被扣押。再陷泥淖的船队经过一番风波，才得以载着从东方获取的香料启程回国。

这场风波也是达·伽马船队整个航程遭遇的最后一难，而从第九章第16节起，他们终于踏上了回国返乡的旅途，"即将要回到可爱的祖国／与久别的亲朋好友重逢"（第九章·17节），爱情岛的故事也始于此。

接下来，像电影里那些常用的视听语言所表现的那样，卡蒙斯把诗歌旁述者的客观视点，换成船员的主观视点；上帝般的俯视角，也变为主人公第一人称的平视，并用类似推镜的方式引入对爱情岛及岛上自然景物的描写并不断加以强化,从试听效果上来说是一个由远及近的过程。首先,进入船员(同时还有读者)视线的是远远浮在浪尖的小岛,它被迎着航向推送而来。然后,浮岛不断靠近,不断清晰,依次看到了海湾、沙滩、小山、树林、草地,还有从石间涌出的清亮山泉。如此一来,爱情岛大致的外观就跃然于眼前了。

直到第56节,视点再从主观跳脱出来,直接飞进岛内,读者也抢先在船员前面晓得了这神祇之岛上究竟有何种异景。对自然环境的细节描写勾连起五感,仿佛它们全然可以触及。

> 一千种果木,郁郁参天,
> 芳香的美果挂满了枝间,
> 金光灿灿的橘柚和枸橼,
> 像达佛涅的金发般娇艳。
> 沉甸甸的,压弯了枝条,
> 圆滚滚的,低垂在地面。
> 秀气的柠檬,发出清香,
> 宛如一只只处女的乳房。
>
> (第九章·56节)

> 野生的树木,枝繁叶茂,
> 把那座座山岭悄然装饰,
> 那阿尔喀德斯的银白杨,

金发女神宠爱的月桂树,
库忒瑞女神的桃金娘,
库伯勒情人化成的青松,
枝叶尖削的意大利塔柏,
笔直地指向永恒的天堂。

(第九章·57节)

波摩娜女神布施着恩泽,
那里天然结出各种美果,
既无须播种也无须浇灌,
却结出更加鲜美的野果。
紫红色的樱桃可口诱人,
桑葚儿又叫多情果儿,
那种原产在波斯的水果,
在异乡却变得甘美丰腴。

(第九章·58节)

石榴吐出红宝石的色彩,
红宝石也为之黯然失价,
葡萄藤舒适地攀着榆树,
结出一串串红绿的浆果。
丰产的梨树,硕果满枝,

宛如挂着一树小金字塔,
听任那些尖嘴的馋雀儿,
毫不留情地把它们啄食。

(第九章·59节)

优美的草坪细致而柔密,
令阿契美尼德地毯逊色,
茵茵绿绒铺展在山野间,
令葱翠的峡谷更加幽静。
水仙娇羞地低垂着花枝,
凝神对平静的湖水遐思,
满地盛开一朵朵银莲花,
帕菲亚至今还为它叹息。

(第九章·60节)

天空和大地同样绚丽多彩,
这件事实在令人难以判断,
是美丽的彩霞给花儿色彩,
还是美丽的花儿装扮彩霞。
仄费洛斯和佛罗拉用画笔,
为紫罗兰抹上情侣的羞红,
粉红的百合,娇艳的玫瑰,

宛如少女面颊上那片红晕。

（第九章·61节）

纯洁幽香的晚香玉君子兰，
上面还滚动着清晨的泪珠，
风信子花依稀可辨出字迹，
勒托之子那样地怜爱它们。
很显然克罗里斯与波摩娜，
鲜花与美果间展开了竞赛，
天空中自由的飞鸟在欢唱，
原野里快乐的小鸟在嬉戏。

（第九章·62节）

湖面上白天鹅悠闲地歌唱，
枝叶间菲罗墨拉为它和声，
只见阿克泰翁，坦然不惊，
在湖水中照出鹿角的倒影。
这儿跳出一只机警的野兔，
那儿闪过一个胆怯的灵羊，
茂密的树丛间充满着生机，
衔着食物的小鸟飞归巢穴。

（第九章·63节）

奇株灵泉、珍禽异兽、仙女神迹，卡蒙斯用以上几个诗节，似已将世界美好之物言尽。柔雅笔触下的爱情岛，纵为幻象，一时也堪比那些天启宗教向凡众摹画了无数遍的天堂花园，臻于"造物者无尽藏"之极致。能从一部赞誉英雄主义的豪迈诗篇里找到这么大规模、集中性且不胜优美的景状描写，委实不易。其实从《卢济塔尼亚人之歌》的整体着眼，这段描绘显示出了诗人创作时不小的风格转变，似一使惯大开大合的写意画家，毫尖骤然收顿，不厌其烦地勾勒起工笔的细部，而且勾勒得惟妙惟肖，足见其功底笔力。

大段的自然景物描写，无疑主要是为展现维纳斯所建乐园之美而设，但除此之外，卡蒙斯也蹚回了抒情诗的源流里，即用华丽的景语叙情。如果再结合着爱情岛出现的缘由及船员在岛上的行为一并考虑，不得不说，很多岛上风物乍看无瑕的外观下，还潜含着某种情色的表意。

首先要清楚的是：爱情岛不仅是酒食的海洋，也是欢爱的福地。我们从诗中已经能见到类似"丛林里，多么饥渴的亲吻/多么娇羞而急促的啜泣声/温存的抚摸，害羞的嗔怪/转眼间又化成欢声笑语"（第九章·83节）这般露骨的描述了。那么，再打量之前草木花果的形貌，瞧那飞禽走兽的行为，多少总能生出些费洛蒙般的幻觉来。沉甸甸、圆滚滚的柠檬，本由男根变来的阿提斯[①]死后化成的青松，

[①] 古罗马人哀悼的死而复生之神，其情人为诸神之母、亚洲丰产女神库柏勒。

甘美丰腴的多情果儿桑葚，被尖嘴的馋雀儿啄食的肥硕浆果，当把它们单拎出来审视，暧昧的暗示似乎登时被挑明了。甚至于说，倘使读者再了解些古希腊—罗马神话，其实诗中现身的风神（仄费洛斯）与花神（佛罗拉）、稀松平常的天鹅（丽达怀里的宙斯）、风信子（阿波罗眷恋的美少年），无不透着更令人羞口的意蕴。

接着，有个问题：卡蒙斯的诗作一再强调理念与感知的分离，并执着于创造圣洁完满的女性形象作为神圣之爱与极致之美的载体，那么相对应的，具体可感的爱与美等而下之，非诗人所欲也。既然如此，在卡蒙斯的笔下，爱情岛的声色犬马何以要为达·伽马等众所设？卡蒙斯的美学原则是否因为要迁就卢济塔尼亚的英雄们而遭到了违背呢？

答案是否定的，因为我们有必要考虑爱情岛这一文学形象的特殊性。爱情岛被维纳斯造出的那一刻起，其本质就意味着精神的神圣，就已经满足了卡蒙斯的要求。正像凯尔特神话里那座遗世独立的阿瓦隆岛一样，爱情岛从设定上是默认把现实世界隔绝在外的，只有理想、观念得以留存。英雄在岛上的行为，具备神祇赏赉的神圣性，不能简单等同于尘世的花天酒地。因为是神祇，且是爱与美的女神维纳斯，卡蒙斯便容许了冠以神圣之名的情爱的发生。这种做法，确合当时主流的古希腊哲学的判断价值。事实上，与其说爱情岛是对胜者欲壑的填补、对酒神加害的补偿，毋宁说是神灵对人类的表彰大会和加冕仪式，其形式上的意义要远大于内容本身。

有关形式与内容的关系问题，我们可能多受唯物辩证法五大范畴，即所谓"内容决定形式,形式依赖于内容"的熏陶,但《卢济塔尼亚人之歌》作于16世纪中叶,当时文艺复兴、人本思想方兴未艾。于是,在人们对古希腊罗马文明的仰望中,柏拉图、亚里士多德成了无可置喙的哲学绝峰。柏拉图的理念论认为圆的物体分有完美的"圆"的理念,美的事物分有"美"的观念。此处的理念就是一种形式,在柏拉图看来是完美、恒常、唯一的。其后,亚里士多德又提出"四因说"(形式因、质料因、动力因、目的因)。这四因中的形式因正是柏拉图理念(形式)的延续,它解决的是"是什么"的问题,最重要也最活跃;而质料因对应了"内容"的概念,解决的只是"由什么构成"的问题。可见,亚里士多德虽有不少反柏拉图的论调,但在"形式重于内容"的判断上还是同他的老师保持了一致。

所以在《卢济塔尼亚人之歌》第九章中,爱情岛的布置以及其极致美未被情色所玷污,是有当时时代所崇尚的哲学依据的。卡蒙斯凭一支妙笔,至少让自然界、人、神这史诗文学的三大要素,在形式上踏入了熙熙融融之境。其实,对于有神论绝对主导下的古代社会,出于某种未知性上的关联,神和自然往往呈现出一体两面的状态,神明是自然的内蕴,自然是神明的表征。诗人塑造爱情岛,其实正是在用这统一的境界提醒着:人与自然也非二元独立的存在,自然界、人、神甚至是一体之三面。爱情岛出现之前,纵然存在人与神(酒神)、与自然(狂风巨浪)顶撞冲突的情况,那也是互相成全、对立统一的。人,依其崇尚自由的天性,总对神与自然的束缚不甘,可又不得不承认与它们的共生。之所以挣脱不出,是因为神总要充当人类解释未知事物的托词，自然物又总要作为人类生存发展的依凭，三者呈斗争性与同一性的结合。

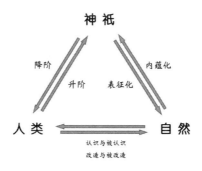

▎ 神祇、人类与自然三者关系示意图

人与神祇的关系，前文已有论述；而人与自然的关系，按哲学说法应该叫"认识与被认识，改造与被改造"。从《卢济塔尼亚人之歌》里面，读者不但能看到爱情岛上人与自然的同一，更能见证二者的斗争。甚至于说，更多人对达·伽马远洋航行的印象，可能正是以狂风暴雨、惊涛骇浪作为主色调的。那么，史诗对于船队如何历险、如何横绝沧波的记叙，想必会更有效地激发其兴味，愉悦其观感。我们援引几段文字，来看看大自然会摆出何等狰狞的面孔，以等候这帮擅闯的水手：

若讲起让人类不可思议的
海上惊险的场景实在漫长，

令人丧魂落魄的惊天霹雳,
燃烧整座天穹的道道闪电,
阴森恐怖的暴风骤雨之夜,
险些劈裂世界的滚滚惊雷,
纵然是铁嗓金喉讲起这些,
与其说困难不如说是错误。

(第五章·16节)

我领略过那些自然界的奇观,
那些以多年的阅历为尊师的
仅凭表面的直观判断事物的
粗野水手永远认为是真实的,
而那些具有更完美知识的人,
他们只凭纯粹的理智与科学
去看待世界上那隐藏的秘密,
就会说那些都是虚幻的现象。

(第五章·17节)

在漆黑一团的狂风暴雨之夜,
天空阴云滚滚大海发出悲鸣,
我清楚地看见那种据水手说
是一团圣火的活泼泼的火焰。

另一种现象更令人目瞪口呆，
所有人都认为是过分的奇观，
见乌云吐出一根细长的吸管，
把汪洋大海猛劲吸啜到天空。

（第五章·18节）

我亲眼看得那么的真切，
那决然不会是什么错觉，
海面上升腾起漫漫轻烟，
只见海风鼓舞云旋雾转，
那片薄雾吐出一根长管，
一直上升到茫茫的天空，
它又细又薄，如云似雾，
人的肉眼几乎不易分辨。

（第五章·19节）

  虽然诗人在诗中已非常明确地交代了不是什么幻象与错觉在作祟，但现实中是不可能存在如此之怪力乱神操纵暴雨的情况的。这便是史诗的魅力，有历史的厚重、有诗歌的飞扬，同时还饱含童话式的天马行空的幻想。诗人借着虚构，既艺术地喻示了大海险恶的环境，也反映出海域未拓时人们对世界认知的蒙昧状态，那么卡蒙斯笔下的暴雨具体怎样呢？

只见那根吸管渐渐地膨胀,

直到变得比主桅还要粗大,

当它大口大口地吸起海水,

这儿就变粗,那儿就变细,

随着汹涌的波涛上下舞动。

顶端渐渐形成厚厚的乌云,

当它驮负的海水越来越多,

滚滚阴霾就变得越来越暗。

(第五章·20节)

那吸管仿佛一条嗜血的蚂蟥,

死死地叮住一头野兽的嘴唇,

那头畜生正低着头畅饮山泉,

不小心被那条蚂蟥一口叮紧。

那条吸血虫饥渴贪婪地吮着,

它的身躯便渐渐地膨胀起来,

那奇怪的吸管就这样膨胀着,

像擎天巨柱支撑着大块乌云。

(第五章·21节)

当乌云里的怪物啜饱了海水,

便一下把那根吸管收了起来,

像一条巨龙在天空飞卷翻滚，
倾泻下一场天昏地暗的暴雨，
把所汲取的海水又还给大海，
仅是把那海水中的盐分摄取，
请问世界上那些智慧的圣贤，
什么经典能够解释这些奥秘？

（第五章·22节）

这些文字再度诠释了《卢济塔尼亚之歌》世界观中神灵与自然的不可分割性。以上选段既是在刻画神祇，同时也完全可以看成是对自然环境的描写。

史诗第三章，达·伽马抵达非洲友邦梅林德，并在梅林德国王面前讲述起葡萄牙民族的历史和航海大业的进程，而这种第一人称的自述，一说就是三章的篇幅（第三、四、五章），让《卢济塔尼亚之人之歌》呈现出"史诗里套史诗"的文学异景。

根据达·伽马的叙述，船队在大西洋由北向南驶过赤道时，初次遭遇了传说中曾与涅普顿交战的海怪达马斯托尔（后又在好望角碰到了它）。诗人虚构了一个海上的巨灵，极力模拟出现实航行中经历风暴时的感触。海怪巨大的身躯横在航船前，正如呼啸而起的巨浪把天地黏合，混沌一团。如注的暴雨、搅动的海面、撕裂万物的狂风，人面对自然并与之斗争时的渺小感、紧张感、压迫感，霎时无比传神地表现了出来。

此外，由于听信了巴克科斯的游说，虽然狄俄涅、忒提斯等海神都支持达·伽马，但海中权势最大的海皇涅普顿还是加入了酒神一方。他用仅次于朱庇特的神力，掀起了滔天的海浪，"一会把海船抛向天云霄，一会儿把海船摔下地狱底"（第六章·76节），意欲摧毁达·伽马的船队。所以我们在第六章，又一次目睹了大自然惊险壮观的恢宏图卷。

> 海上的风暴是那样的可怕，
> 猛烈的势头如同千军万马，
> 摧毁世上最坚固的通天塔①，
> 也无必要比此刻稍加气力。
> 大海上风狂浪涌水波滔天，
> 海船庞然大物像一叶轻舟，
> 眼看着船儿在风浪里颠簸，
> 实在令人惊叹造物的伟大！
>
> 　　　　　　　　（第六章·74节）

……

---

① 即巴别塔。据《圣经·创世记》载，诺亚的子孙想协力建造一座城市和一座高塔，以到达天上。上帝担心他们今后将无所不能，于是混乱其语言，致使他们之间语言不通，四散开来。该城遂被称为"巴别尔"，意思为混乱，塔称"巴别塔"。

>勇猛的惊涛骇浪势不可当,
>一时之间摧平了多少高山!
>怒不可遏的飓风所向无敌,
>一时把多少老树连根拔断!
>顽强的树根从来也未想到,
>有朝一日被掀得仰面朝天,
>海底的泥沙更是难以想到,
>有朝一日被波涛搅上海面。
>
>(第六章·79节)

然而,无论海浪如何狂暴,无论疾风如何肆虐,达·伽马及其船员都未尝忘记去往东方的使命,卡蒙斯也未尝忘记他写这篇史诗的使命,即歌颂伟大的船员、伟大的卢济塔尼亚人。面对自然和神祇的恶意阻挠,每一名水手都无屈服之意,反而展示出勇敢拼搏的不凡品质。这当然也归功于作者的努力,卡蒙斯使尽浑身解数,通过对他们语言、动作、神态等方面轮番的雕琢,最终完成了这组灿烂生辉的英雄群像:

>人们吃惊的叫声刺破天空,
>突然惊醒的水手惶惑莫名,
>主帆被刮碎时船身被吹斜,
>大量的海水一下灌进船舱,
>卸载!水手长厉声高叫着,

不要惊慌把能抛的都抛掉！
其他人快去抽水一刻不停，
不然的话我们会葬身大海！

（第六章·72节）

惊呆的水手们恢复了理智，
立刻奋勇冲上去操纵水泵，
可怕的巨浪，摇晃着海船，
刚冲上去又被掀倒在一边。
哪怕三名强壮有力的海员，
都操纵不了不驯服的舵柄，
他们从两面给它系牢滑车①，
以便节省些人力把它操纵。

（第六章·73节）

　　英雄史诗，罔分国家民族，讴歌的都是人的力量。英雄之个体、英雄之群体，甚至英雄之民族，都要经历外来考验、经历困苦艰辛。自然界再怎么浩大，也不过是一小块试金石。而史诗作品对于英雄主

---

① 又名转舵索，是一种遇到海上风暴时，用来代替人力操纵船舵的装置，这种装置主要用来固定船帆等。

义的宣扬，激发的是国家与民族的凝聚力，因为它记录了一个在政治、文化上拥有较高程度认同的人类群体，对于自身峥嵘之岁月的共同记忆。卡蒙斯一生漂泊，对于祖国葡萄牙饱含着感情，读者从其作品的字里行间便能感受到他滚烫的内心。很多时候，炙热难耐，情感直接爆裂一抒，成为独立于故事以外的激昂诗段。诗人赞颂达·伽马这一个体、远洋船队这一群体，更让葡萄牙民族在风雨波澜中傲然屹立起来。如此崇高的立意和深厚的情怀，在《卢济塔尼亚人之歌》的首章之始，业已宣示了然：

> 威武的船队，强悍的勇士，
> 驶离卢济塔尼亚西部海岸，
> 越过自古茫无人迹的海洋，
> 甚至跨越塔普罗瓦那海角，
> 经历千难万险、无穷战争，
> 超出人力所能承受的极限，
> 在那荒僻遥远的异域之邦，
> 将灿烂辉煌的新帝国拓建。
>
> （第一章·01节）

> 还有那些为传播宗教信仰，
> 开辟帝国版图的历代君王，
> 在阿非利加和亚细亚大地，

都留下了他们不朽的英名；
那些由于建树了丰功伟绩，
超脱死神法律的无数英雄，
为把他们的声名四海传扬，
但愿我有足够的艺术才情。

（第一章·02节）

智慧的古希腊和特洛亚人，
宏大的远航早已声迹泯然，
亚历山大，图拉真①，也无人
再谈论他们了不起的功勋。
我弘扬卢济塔尼亚的豪情，
涅普顿、玛尔斯也甘拜下风，
缪斯不再吟咏昔日的一切，
要把更加绚丽的诗篇传诵。

（第一章·03节）

---

① 图拉真：古罗马皇帝。在位期间加强集权统治，大力扩张领土，曾攻占达西亚（今罗马尼亚境内），亚美尼亚，渡底格里斯河，陷安息首都忒息丰，抵波斯湾，其统治时期为古罗马版图最大时期。

我那可爱的塔吉忒姊妹①啊,
请赐给我烈火般的激情吧,
倘若,你们那欢乐的灵泉,
一向是赐给我平庸的诗句,
此刻请赐给我激越的音调,
让我获得慷慨谐咏的诗风,
你们的河水受福玻斯所辖,
又何必去羡慕马泉②的清冷。

(第一章·04节)

请赐我激情和洪亮的歌喉,
不要像芦管一般喑哑粗俗,
要似号角一般高亢而嘹亮,
令群情振奋,让热血沸腾。
赐我无愧显赫战功的灵感,
你曾经那样地把战神帮助,
若诗歌可赞颂崇高的美德,
就让英名以诗歌传遍宇宙。

(第一章·05节)

---

① 塔吉忒姊妹:特茹河的仙女,卡蒙斯认为她们是给诗人灵感的缪斯女神。
② 马泉:玻俄提亚赫利孔山上的泉水,相传是神马珀伽索斯踏出,泉水具有启发诗人灵感的神效,缪斯姊妹喜吟唱于泉边。

以上是《卢济塔尼亚人之歌》最开始的五个诗节,也是最负盛名的五段。史诗甫始,卡蒙斯便带着读者突破了空间的界限,越过重洋、海角、异域之邦。空间的突破结束之后,时间的阻隔又被击碎,从亚历山大的希腊马其顿帝国时代,到图拉真的罗马时代,诗人把叙事的格局拉得无远弗届,就是要站在时空的基点、文学的笔尖,捧起行将于史册间冉冉初升的,堪与任何之伟大比拟的卢济塔尼亚。

章节主题细读

我们知道,《卢济塔尼亚人之歌》里的主人公是达·伽马,但史诗中也不乏对其他历史人物、神话人物及历史事件的刻画。下面,就让我们一起来跟随故事的发展,就部分章节的主题人物或时间,寻找其后的历史背景渊源,细细品味卡蒙斯意欲通过诗歌的形式,带领读者徜徉历史长河的描写艺术。

萨拉多战役

千军万马,整装待发,
列列方阵布满埃沃拉山野,
甲胄和刀剑在阳光下闪耀,
披着铁甲的战马咴咴嘶鸣,
军号嘹亮,彩旗飘扬,
习惯了和平又面临着战争,
人们的心脏在怦怦地跳动,

山谷里的号角声遥相呼应。

（第三章·107节）

激昂的士兵如众星捧月，
簇拥着那面王家的旗帜，
英武异常的阿丰索国王，
高骑在马上，昂首挺胸，
只要看一眼他那种神情，
连胆小鬼也会勇气倍增，
就这样与他的女儿一起，
踏上了卡斯提亚的征程。

（第三章·108节）

两位英勇的阿丰索国王，
终于在塔里发①原野会师，
面对疯狂的人山人海，
把山海当战场也嫌狭窄。

---

① 塔里发源于公元715年攻占托莱多的摩尔王塔里发·阿本·扎尔科的名字。卡的斯是西班牙安达卢西亚古城堡。1340年，摩洛哥国王率军在伊比利亚半岛登陆，会同格拉纳达国王，进犯天主教势力范围，莱昂和卡斯提亚国王阿丰索十一世与葡萄牙国王阿丰索四世联合，与阿拉伯军队在卡的斯附近的萨拉佐河畔决战，大获全胜，消除了阿拉伯人对伊比利亚半岛的严重威胁。

当人们还不清楚是基督

借助人的臂膀在战斗时,

哪怕再高尚而坚强的人

也难免丧失勇气和信心。

(第三章·109节)

夏甲的子孙几乎在嘲笑,

天主徒的兵力那样渺小,

他们已预感到稳操胜券,

便开始瓜分他人的土地。

像当初欺世盗名地霸占

撒拉①那美好的姓氏那样,

如今他们又在痴心妄想

把别人富饶的土地强占。

(第三章·110节)

那个四肢强壮的野蛮巨人②,

(萨沃尔王③怕得情有可原)

---

① 撒拉在希伯来语中意为"夫人""公主"。亚伯拉罕的妻子就叫撒拉。卡蒙斯认为撒拉逊人这一名称来源于撒拉的名字。据《圣经》载,阿拉伯人是亚伯拉罕与埃及女奴夏甲之子以实玛利的后代,因此,他们自称"撒拉逊人",是欺世盗名。
② 野蛮巨人:歌利亚,《圣经·撒母耳记》中的非利士勇士。
③ 萨沃尔王:先知撒母耳选定的古代以色列-犹太王国第一代国王,大卫的岳父。

看见手无寸铁的青年牧人[①],
只凭借石块和一身的勇力。
他蔑视衣衫褴褛的青年人,
傲慢的巨人口吐不逊狂言,
青年拉满弹弓给他以教训,
信仰的力量远远超过人力。

（第三章·111节）

背信弃义的摩尔人就这样,
藐视天主教徒的兵力微薄,
哪里知道上帝在帮助他们,
他能让可怕的地狱也屈服。
凭借着信仰的力量与智慧,
卡斯提亚人向摩尔人进攻,
葡萄牙人把敌军视如草芥,
使格拉纳达国王胆战心惊。

（第三章·112节）

---

① 指大卫,古代以色列-犹太王国第二代国王,萨沃尔的女婿。据《圣经·撒母耳记》载,大卫统一犹太部落,建立王国,定都耶路撒冷。他少年时曾打死非利亚勇士歌利亚,在位时又多次打败强邻,受到民众爱戴。相传《圣经·诗篇》中的许多诗歌系大卫所写。

长矛与刀剑砍击在甲胄上,
发出叮当的金属的撞击声,
双方根据各自遵从的信仰,
喊着穆罕默德或圣地亚哥。
受伤者的惨叫声刺破苍天,
鲜血满地汇成巨大的湖泊,
那奄奄一息垂死挣扎的人
没有丧身刀下却被血泊窒息。

(第三章·113节)

卢济塔尼亚人以巨大勇气,
奋勇地砍杀,猛烈地冲击,
格拉纳达的力量很快崩溃,
枉费了堡垒和护胸的铁甲。
胜利竟来得不费吹灰之力,
坚强的臂膀还不感到满足,
便去援助英勇的卡斯提亚,
他们正与摩尔人大战犹酣。

(第三章·114节)

此刻火热的太阳已西薄天边,
到忒提斯的宫殿中寻找归宿,

带走那值得纪念的光辉一日，

维斯珀耳①开始在夜空中闪烁。

强大而可怕的摩尔人的军队，

被两位英勇的国王一举粉碎，

真可谓死伤惨重，一败涂地，

这辉煌的胜利真正史无前例。

（第三章·115节）

萨拉多战役发生于1340年10月30日，是伊比利亚半岛光复战争（Reconquista Cristā）中最重要的战争之一。光复战争主要是指葡萄牙人与西班牙人击退自8世纪以来攻占并定居于伊比里亚半岛的摩尔人，战争从13世纪至15世纪，持续了三个世纪，最终以葡西两国的胜利及君主立宪制的形成得以告终。

诗歌中所描写的这场军事冲突发生于萨拉多河畔，该场战争也因此而得名。萨拉多河流经西班牙领土，靠近加的斯（Cadiz）和塔里发市（Tarifa）。此次战争中的摩尔人一方，控制菲斯（Fez）和摩洛哥地区的北非强王阿布·哈桑（Abul-Hassan）和格拉纳达（Granada）（摩尔人在西班牙所控地区）的国王优素福一世（Yusuf I）两者结盟，其主要目的是阻止伊比利亚人光复运动的进展，他们的主要对手是当

---

① 维斯珀耳：太白星之神，古希腊神话中的赫斯珀洛斯。

时的卡斯蒂利亚国王阿丰索十一世（Afonso XI）。

阿丰索十一世得知摩尔人的进攻计划后，深知己方军事上处于劣势，需要向其他王国寻求帮助。其中一个重要的联盟伙伴便是他的岳父，葡萄牙的国王阿丰索四世（Afonso IV），他是迪尼斯国王（D. Dinis）的继承人，也是阿丰索十一世的妻子玛丽娅（Maria）的父亲。然而玛丽娅因丈夫的通奸行为饱受屈辱，因此与阿丰索十一世分居两地。为了得到岳父的帮助，阿丰索十一世写信给在塞维利亚的妻子，请她为卡斯蒂利亚王国向父亲求情。阿丰索四世对此并不满意，直到阿丰索十一世应其要求亲自写信求助于他，葡萄牙国王才答应帮助阿丰索十一世，派出了救援舰队，并亲自带着军队前往塞维利亚，与卡斯蒂利亚国王阿丰索十一世会合。葡萄牙和卡斯蒂利亚王国联盟以少战多，共同击退了摩尔人联盟。因此，这场战争也是一场基督教联盟和穆斯林联盟的对抗。穆斯林联盟在此场战役的溃败标志着穆斯林王国为扭转基督教徒向南扩张的最后一次尝试的失败，最终决定了伊比利亚半岛的命运。

此处的诗段可被分为四部分：第一部分（第三章·107—108节），主要描述了葡萄牙军队携带葡萄牙锐不可当的武器装备以及卡斯蒂利亚国王阿丰索十一世带领士兵们奔赴沙场的英勇身姿；第二部分（第三章·109节）写出了卡斯蒂利亚和葡萄牙两位阿丰索国王在面对摩尔人的挑衅时胸有成竹，因为他们知道上帝将带来庇护；第三部分（第三章·110—112节），诗人描写了摩尔人军队在看到势单力薄的葡西军队时产生的洋洋得意之情，以及认为摩尔人胜券在握的盲目乐观；最后一部分（第三章·113—115 节）主要描写了尽管摩尔人军队声势浩大，但是葡西军队由于受到上天的庇佑，如大卫仅用弹弓和石块便杀死巨人歌利亚一般，彻底击溃了侵略者，保住了江山。

诗人在本段诗歌开头处便向我们展现出了葡萄牙军队高涨的士气及其对战争跃跃欲试的兴奋之情（"军号嘹亮，彩旗飘扬 / 习惯了和平又面临着战争 / 人们的心脏在怦怦地跳动 / 山谷里的号角声遥相呼应"）（第三章·107 节）。除此以外，卡蒙斯还在第 103 节中描写了摩尔军队常胜不败的战绩以及磅礴的气势（"所有从阿非利加繁育出的 / 那些野蛮凶狠而怪诞的人 / 都被摩洛哥大王驱赶来"，"自从大地被苦海洗涤以来 / 从未见过聚集起如此强大 / 如此凶猛，残暴而疯狂的人 / 真让活人吓死，让死人惊恐"）（第三章·103 节），

曼努埃尔·皮涅罗·查加斯《萨拉多战役》
《通俗葡萄牙图史》插图

侧面表现了面对这样的强敌，人力物力均占下风的基督教联盟别无他选，只能背水一战的不易与勇敢。诗歌中，摩尔人军队在战前对弱小的葡西军队的嘲笑以及高傲的自我吹嘘（第三章·114节）相对比，强调了基督教徒们的英勇，同时也暗指这样以少胜多的战役，不仅仅归功于神勇的将士，还来自天上众神的庇护。

佩德罗与依内斯

取得这场辉煌的胜利之后，
阿丰索返回到卢济塔尼亚，
正当他赢得了残酷的战争，
获得了如此光荣的和平时，
不幸发生了一场千古悲剧，
有一位可怜而美丽的夫人，
无辜受害，后被立为皇后，
还被挖掘出坟墓重新安葬。

（第三章·118节）

只有你啊，那纯洁的爱情，
如此残忍地把人类心灵蹂躏，
仿佛你是一个狠心肠的仇人，
让人们受尽折磨痛苦地死去，
听人传说，狠心的爱情啊，

悲伤的眼泪不满足你的饥渴,
你真是一位残酷无情的暴君,
要用人的鲜血溅你的祭坛。

(第三章・119节)

美丽的依内斯,你欢乐无忧,
恬静地生活在心灵的幻觉中,
采摘着青春年华的甜蜜果实,
可是命运之神却不让它绵延。
在充满相思情的蒙德古原野,
美丽的眼睛永远流不干泪水,
你面对青青草地,巍巍群山,
一遍又一遍地把心上人儿呼唤。

(第三章・120节)

你那王子的心中充满怀念,
从远方回答着你的呼唤声,
每当看不见你美丽的眼睛,
你的身影便出现在他心间。
夜晚甜蜜的梦境把人欺骗,
白天缠绵的相思给人安慰,
王子思念和幻想中的一切,

都是美好快活的生活回忆。

(第三章·121节)

王子拒绝了多少令人羡慕的
与美丽的公主或小姐的婚姻,
当那温柔的表情束住你的心,
纯洁的爱情啊,会轻视一切。
精明的老父重视民间的流言,
当他看到这一段奇怪的情缘,
儿子为忠贞爱情不愿结婚时,
他因王子的怪诞任性而担忧。

(第三章·122节)

为了夺回被爱情俘虏的王子,
他决心把依内斯从世间除掉,
相信只有用无辜死者的鲜血,
才能把忠贞的爱情火焰扑灭。
啊,那是何等可怕的盛怒啊!
竟能够把那可以抵御摩尔人
疯狂进攻的无比犀利的剑锋,
指向如此柔弱而美丽的女子。

(第三章·123节)

可怕的刽子手们把依内斯
押到已然心软的国王面前,
但人们用虚伪残忍的理由
劝说国王把她残忍地处死。
就要与王子和孩子们永别,
她只是痛苦地留恋着他们,
这种痛苦比死亡更加难受,
依内斯的腔调悲惨而可怜。

(第三章·124节)

她可怜地向着水晶般的天空,
仰起饱含着热泪的悲伤眼睛,
她只能够抬起目光,因为,
凶狠的刽子手捆着她的双手。
她接着把目光投向几个孩子,
他们是那样天真可爱而活泼,
母亲多么惧怕孩子沦为孤儿,
便这样对残忍的祖父哀求道:

(第三章·125节)

假使在那些生来被大自然
赋予了残忍的天性的野兽,

还有那些在天空中飞翔的
劫掠成性的凶狠的猛禽中,
人类尚且能从它们那发现
对稚弱幼子发生怜悯之心,
像对修筑罗马城的两兄弟①,
和尼诺斯之母②表现的那样:

(第三章·126 节)

可是你啊,有人面和心肠,
(假如仅为一个柔弱的姑娘
善于用爱情俘获一颗心灵,
就杀死她,还不算人面兽心)
即使她的惨死不能使你怜悯,
也应该想想这些幼小的孩子,
即使不能原谅她的无名罪责,
你也应该可怜她的这些幼子。

(第三章·127 节)

---

① 指孪生兄弟罗穆路斯和瑞穆斯。
② 卡蒙斯这里所说的尼诺斯之母,似乎指尼诺斯的妻子塞弥拉米斯。但是塞弥拉米斯是被鸽子哺养大,而不是猛禽。

假使你胜利地抵御了摩尔人,

善于用剑与火送他们见死神,

那么你也应善于以慈悲为怀,

把生命恩赐给无辜被杀的人,

如果这样清白仍旧难免一死,

就请你把我悲惨地永世流放,

在寒冷的塞西亚①,炎热的利比亚②,

让我在那里永远在泪水中度日。

(第三章·128节)

请把我流放到那荒蛮的地方,

凶狠成性的雄狮与猛虎之间,

我要看在猛兽之中能否找到,

人类的心肠里得不到的同情。

为那个我甘愿为他死去的人,

怀着对他那坚贞不渝的爱情,

把你眼前的这几个孩子抚育,

他们是他的宝贝、悲惨母亲的唯一寄托。

(第三章·129节)

---

① 黑海与里海之间东北部的一古地名,此处泛指荒凉寒冷的地方。
② 古人把撒哈拉边缘炎热的荒漠称为利比亚。

依内斯对国王苦苦地哀求,

仁慈的国王已欲把她赦免,

可固执的大臣和她的命运,

(她命中注定)却不肯饶恕,

那些主张把她处死的大臣,

拔出宝剑露出雪亮的霜刃,

真是蛇蝎一般狠毒的心肠,

对一位女子,你们是何等英雄!

(第三章·130节)

像年轻美丽的波吕克塞娜[①],

是年迈的老母最大的安慰,

阿喀琉斯的阴魂欲处死她,

狠心的皮洛斯便拔出宝剑,

她真像一头温驯的小羊羔,

---

① 波吕克塞娜:古希腊神话中的特洛亚公主,普里阿摩斯和赫卡柏的女儿。在古希腊人与特洛亚人停战的时候,阿喀琉斯进入特洛亚,偶然看见美丽的波吕克塞娜。他一见倾心,派人向国王提出请求,若肯把女儿嫁给他,便答应撤围。由于古希腊人杀死了波吕克塞娜的两个兄弟,她的母亲赫卡柏正在寻机为两个儿子报仇,便送信给阿喀琉斯,约他秘密相见,商量他与女儿的婚事,说她愿意把女儿嫁给他。阿喀琉斯为爱情所迷,不辨真伪,轻信了赫卡柏。仅带朋友安提罗科一人,身披斗篷,手执宝剑,来到阿波罗神庙,准备与心上人约会。不料暗中被帕里斯所杀。

那让蓝天也静谧的目光

投向已经发疯的可怜母亲,

任凭被人当作残酷的祭品。

(第三章·131节)

凶狠的刽子手就这样挥剑

斩断托着爱神杰作的玉颈,

那令死后把她尊为王后的

王子拼死相爱的丽颜委地,

腮颊上还挂着莹莹的泪珠,

宛如白色的花朵沾着朝露,

此刻那些刽子手如此残暴,

绝料不到日后会遭到惩处。

(第三章·132节)

太阳啊,你若看到这种惨景

哪能不把那一天的光芒收敛,

像阿特柔斯①准备的野蛮宴席,

---

① 阿特柔斯:迈锡尼国王。其弟堤厄斯忒斯与其妻通奸,并得到奸妇相助,图谋王权。宙斯发现其阴谋,将其逐出王国。后堤厄斯忒斯又唆使由他养育的阿特柔斯之子反对阿特柔斯。阴谋败露,阿特柔斯处死罪犯,但不知其中有自己的儿子。阿特柔斯因此对堤厄斯忒斯施以报复:当堤厄斯忒斯为和解来到迈锡尼时,阿特柔斯竟烹了他的儿子,让他亲尝他们的肉。

让堤厄斯忒斯把亲生子吃掉。
幽幽的山谷,你怎忍心听见,
那双冰冷的嘴唇吐出的绝叹,
你把那声音传遍辽阔的山野,
那是她把彼德罗①的名字呼唤。

(第三章·133节)

仿佛是一朵天真烂漫的山花,
被淘气的小姑娘过早地采摘,
在她那顽皮的指间惨遭践踏,
被她编织成花环,戴在头上,
可怜花瓣儿凋零,枝残叶断,
年轻的姑娘颜色苍白地死去,
那美丽的面颊上失去了红晕,
纯洁的色彩和那温柔的生命。

(第三章·134节)

蒙德古河仙女们久久地哭泣,
深深怀念悲惨死去的依内斯,

---

① 即佩德罗。

> 她们的泪水化成一眼眼清泉，
>
> 永远把那段纯洁的爱情铭记，
>
> 泉水的名字一直流传到今天，
>
> 把依内斯的爱情故事来纪念，
>
> 请看把花儿浇灌的洌洌清泉，
>
> 是仙女们的眼泪，名唤"爱泉"。

（第三章·135 节）

  本段诗歌描述了依内斯因与佩德罗王子之间不被允许的爱情而被葡萄牙国王阿丰索处决的场景。让我们先来了解一下故事的历史背景。

  当时欧洲西南部的伊比利亚半岛主要被分为三个王国：卡斯蒂利亚王国、阿拉贡王国（后两国合并，成为西班牙王国）和葡萄牙王国。佩德罗一世（D. Pedro I）为葡萄牙第七任国王阿丰索四世与卡斯蒂利亚王国公主贝娅特丽丝（Beatriz de Castela）的第三子；依内斯·德·卡斯特罗为加利西亚贵族、莱莫斯及萨里亚领主佩德罗·费尔南德斯·德·卡斯特罗（D. Pedro Fernandes de Castro）与一位葡萄牙情妇的私生女。依内斯 15 岁时以侍女的身份跟随着卡斯蒂利亚公主康斯坦莎（Constança Manuel）来到葡萄牙。康斯坦莎是阿拉贡王国康斯坦莎公主（Constança de Aragão）与佩纳菲尔公爵胡安·曼努埃尔（Juan Manuel de Castela）的女儿。

  1325 年，小康斯坦莎公主在父亲的安排下嫁给了阿丰索十一世，然而阿丰索十一世一心想与葡萄牙结成联盟，因此将小康斯坦莎公主囚禁在托罗堡，并于1328年与葡萄牙国王阿丰索四世的女儿玛丽娅公主（Infanta Maria）结婚。然而阿丰索四世将女儿玛丽娅嫁给卡斯蒂利亚国王阿丰索十一世后不久就发现她被丈夫虐待。与此同时胡安公爵也因他的女儿小康斯坦莎被阿丰索十一世囚禁、不能成为王后而耿耿于怀。因此他转而与阿丰索四世结成联盟：让阿丰索四世的儿子及继承人佩德罗一世迎娶小康斯坦莎。但是当康斯坦莎抵达葡萄牙时，佩德罗王子却对康斯坦莎公主身后的侍女依内斯一见钟情，两人迅速坠入爱河，佩德罗王子与依内斯的炽热恋情在康斯坦莎公主面前也毫不遮掩。

1345年，终日寡欢的康斯坦莎公主在生下女儿玛利娅后便撒手人寰。王妃的去世让佩德罗王子更加自由，他开始狂热地表露自己对依内斯的爱，并公开和依内斯生活在一起。然而这段感情却始终没有被阿丰索四世国王接受。在王妃去世的前一年，阿丰索四世便下令将依内斯驱逐至位于卡斯蒂利亚边境的阿尔布克尔克城堡，希望通过距离熄灭这对情侣的爱火。但1345年康斯坦莎去世后，佩德罗不顾父亲反对，召依内斯回宫，并于1354年与依内斯结婚，两人育有两儿一女。

尽管依内斯没有表现出任何政治野心，但是葡萄牙国王对其卡斯蒂利亚贵族的身份仍耿耿于怀。因为依内斯的本家卡斯特罗大家族于1350年左右企图策兵谋反，背叛卡斯蒂利亚国王，想通过依内斯说服葡萄牙王子佩德罗给予支持，并提议让佩德罗成为卡斯蒂利亚国王合并两国。而葡萄牙国王阿丰索四世不愿看到自己的两个皇孙：依内斯的儿子与康斯坦莎的长子费尔南多（Fernando I）为争夺王位而自相残杀，为使葡萄牙免于被卡斯蒂利亚的政治牵连，1355 年，阿丰索四世趁佩德罗王子离开科英布拉去狩猎时，下令派出三名侍卫逮捕依内斯并将之处决。

佩德罗王子在狩猎途中得知自己心爱的依内斯被国王处死后怒不可遏，遂组织贵族和平民发动武装对抗，向父亲宣战。而这场父子间的内战，从 1355 年持续到 1356 年，以阿丰索四世的胜利而告终。后在母亲的调和下，二人和解。

1357 年阿丰索四世去世后，佩德罗继承王位。佩德罗上位后，立即要求卡斯蒂利亚王国将躲藏在那里的参与杀死依内斯的三名凶手遣返原籍。由于一名凶手逃到法国，最后佩德罗一世抓回了其中的两名凶手并亲手活活剜出了他们的心脏。同时，他宣布立依内斯为王后，并声称他们早已秘密结婚。为了让依内斯能够按照王后的礼仪重新下葬，1360 年佩德罗下令在阿尔科巴萨修道院内修建了两座陵墓，一座是为了安放已故王后依内斯的遗体，而另一座则留给了自己。虽然葡萄牙传记作家费尔南·洛佩斯（Fernão Lopes）在《佩德罗纪事》中并没有具体提到国王是否给依内斯举行过登基仪式，但传闻他下令掘出依内斯的尸体，给她穿上皇家斗篷，让她坐上王座，并用一场隆重的仪式加冕她为王后。他要求王国的所有大贵族亲吻依内斯早已化为枯骨的手，并向她称臣，而佩德罗也带着对依内斯的思念终生未娶。国王佩德罗一世与依内斯之间浪漫凄惨的爱情故事也成为葡萄牙广为流传的一段佳话。

诗人卡蒙斯在叙述此段历史时，以诗歌化的处理方式描写了这一段爱情悲剧，其悲剧色彩主要展示在以下方面：（1）诗歌所描述的事件本来就是一场悲剧，而依内斯的死将该诗段带入了高潮。

（2）本选段中突出表达了两种典型的悲剧主义情感：惊恐与怜悯。惊恐表现在诗人对老国王发怒的描述，如"他决心把依内斯从世间除掉／相信只有用无辜死者的鲜血／才能把忠贞的爱情火焰扑灭"（第三章·123节）；对刽子手行刑的描述，如"凶狠的刽子手就这样挥剑／斩断托着爱神杰作的玉颈"（第三章·132节）；以及对依内斯惨死情景的细致描述，如"可怜花瓣儿凋零，枝残叶断／年轻的姑娘颜色苍白地死去／那美丽的面颊上失去了红晕／纯洁的色彩和那温柔的生命"（第三章·134节）。而怜悯表现在一系列的对比中，如依内斯和佩德罗炽烈的爱火，依内斯在蒙德古与佩德罗分离时的想念，以及佩德罗的煎熬与老国王出人意料的决策间的对比，又如无辜堪怜的依内斯与残忍暴戾的刽子手间的对比，以及本应拥有骑士精神的君子与其心狠手辣的抉择间的对比等，都能看出诗人对依内斯惨死所怀之恻隐。与此同时，依内斯作为母亲在自己被处决之前还牵挂着自己的孩子，如当她在被处决前最后向老国王求情时所说的"请把我流放到那荒蛮的地方／凶狠成性的雄狮与猛虎之间……为那个我甘愿为他死去的人／怀着对他那坚贞不渝的爱情／把你眼前的这几个孩子抚育／他们是他的宝贝、悲惨母亲的唯一寄托"，也使诗人的怜悯之情进一步得到强化。

在描写该段历史时，卡蒙斯运用的还是诗歌的手法，他忽略了阿丰索是出于国家利益而做出处决依内斯的决定，将重点放在了依内斯在整场事件中的无辜。在卡蒙斯笔下，依内斯是悲惨命运及凄惨爱情的殉道者，而不是冰冷的政治关系的牺牲品。诗中所描写的依内斯被一把利剑刎了脖颈，是一种对死亡更加情感化、诗歌化的处理，这也为这段爱情添上了浓烈的悲剧色彩。卡蒙斯利用依内斯的死亡，将依内斯与佩德罗的爱情提升到了另一个高度。在诗人信奉的柏拉图的理念中，肉体的爱情与理想的爱情在现实生活中并不能共存，真正的爱情只有通过死亡才得以保持纯洁、完整以及永恒。依内斯的殒命，无疑给她与佩德罗之间的爱情镀上了最为神圣的色彩。

阿尔茹巴洛塔战役

> 卡斯提亚吹响了冲锋号角，
> 那声音恐怖可怕凶狠残暴，
> 阿尔塔普罗山[①]被吓得发抖，
> 瓜的亚纳河[②]翻起恐惧之浪，
> 杜罗河[③]两岸，阿伦特茹[④]平原，

---

① 阿尔塔普罗·菲尼斯特拉（Finiterra，意即"大地终端"）海角的古称，其在伊比利亚半岛西北端。
② 伊比利亚南部河流，发源于西班牙阿尔卡拉斯山脉，流经葡萄牙入大西洋。全长820公里，其中有30公里为地下河。
③ 杜罗河为葡萄牙第三大河。
④ 葡萄牙语意思是"特茹河对岸的"。古省份名称。

皮埃尔·查尔斯·孔德《依内斯·卡斯特罗的加冕》
现藏于里昂美术馆

特茹河①奔向大海心神不安，
母亲们听见那可怕的声音，
把孩子紧紧地搂抱在胸前。

（第四章·28节）

你看那些面孔有多么苍白，
胆怯的血液都蜷缩入心脏！
当人面临巨大危险的时刻，
实际的恐怖往往不似想象。
虽然如此人们仍那样紧张，
冲锋陷阵战胜顽敌的激情，
令人感到残肢断臂与牺牲，
都不算什么了不起的事情。

（第四章·29节）

胜负难分的战役已经开始，
双方前锋部队已向前移动，
一方决心捍卫祖国的领土，
一方妄图侵占他人的土地，

---

① 特茹河为葡萄牙第一大河。

伟大的佩雷拉①,浑身是胆,
冲入敌军阵地,身先士卒,
把贪图霸占他人土地的人
接连砍倒,播种下满地尸体。

(第四章·30节)

呼啸的标枪,密集的羽箭,
简直空气都变得异常稠密,
狂奔的烈马,坚硬的铁蹄,
大地在颤抖,山谷在轰鸣,
长矛被折断,甲胄被砍碎,
倒地的尸首,吓人的震响,
勇猛的努诺率领寥寥数人,
迎面砍杀蜂拥而上的敌兵。

(第四章·31节)

敌营中有与他为敌的手足,
这情形的确又丑恶又残酷,
他们竟敢背叛国王与祖国,
不必为大义灭亲之举震惊。

---

① 唐·努诺·阿尔瓦雷斯的姓氏。

那些民族败类多数被编在
前锋部队，真是奇怪场面，
一场兄弟亲朋的自相残杀，
像恺撒与庞培之间的内讧。

（第四章·32 节）

你这塞多留啊，还有你们，
神圣的科略拉诺①与喀堤林②，
以及古时候所有心地邪恶、
叛变祖国与之为敌的人啊，
假如你们在苏曼努斯③王国
遭受着最严酷的悲惨折磨，
如今已经可以对阎王分辩，
葡萄牙人中也会出现叛徒。

（第四章·33 节）

---

① 科略拉诺：公元前 5 世纪时的古罗马统帅，战功卓著，却被流放到蛮荒之地。他率蛮族进犯罗马，包围了罗马城，后应母亲和妻子的要求而撤兵。
② 喀堤林：出身没落贵族，苏拉的追随者。曾任大法官、非洲总督等职。公元前 66 年返罗马。公元前 64 年和前 63 年两度竞选执政官未成。结合同党，准备组织没落贵族和苏拉以静手下的士兵发动武装政变。公元前 63 年，执政官西塞罗在元老院发表演说，反对喀提林的"阴谋"，并予以镇压。公元前 62 年，在伊特鲁里亚境内的皮斯托里亚附近发生战斗，喀提林失败被杀。
③ 苏曼努斯：古罗马神话中的夜雷神，此处借指冥国统治者普路同。

看前方阵营在那里被冲破,
潮水般的敌兵涌进了缺口,
此时守卫在阵地上的努诺,
仿佛是一头最勇猛的雄狮,
据守在休达山顶,被那些
得土安①平原上的骑士围困。
骑士们用长矛向雄狮进攻,
愤怒使它惊慌但并不胆怯。

(第四章·34节)

努诺惊慌地环顾着敌人,
他的狂怒和刚勇的性格,
都不容忍自己转身逃命,
反而一头冲入刀丛箭雨。
勇士就这样英勇地冲杀,
敌人的鲜血染红了草地,
士兵们面对这样多敌众,
丧失了斗志,纷纷倒地。

(第四章·35节)

---

① 摩洛哥城市名。

英明的葡军统帅若昂国王，
已感觉到努诺的局势紧迫，
他骑着马奔驰，巡护阵地，
以他自身的存在鼓舞士气。
好像一头凶猛的产仔母狮，
正在外面为幼仔寻觅食物，
突然察觉留在巢穴的幼狮
受到马西利亚①牧人的威胁。

（第四章·36节）

狂怒的母狮，奔跑而咆哮，
七兄弟山②被震得山崩地裂，
若昂就这样率领精锐士卒，
冲上前线增援努诺的阵地。
坚强的伙伴，高贵的骑士，
你们都是盖世无双的英雄，
勇敢地保卫自己的国土吧，
自由的希望凝在你们剑锋！

（第四章·37节）

---

① 毛里塔尼亚一带的荒漠。
② 古罗马人对休达附近的一组山脉的称谓。

勇士们看吧，我就在这里，
你们的国王，亲密的战友！
我冲锋陷阵，做你们榜样，
要做当之无愧的葡萄牙人！
英勇的骑士，这样呼喊着，
在敌人刀丛枪林中冲杀着，
将他的长矛四次挥向敌群，
每一击都使无数敌兵倒地。

（第四章·38节）

……

杀声兵刃砍击声混作一团，
战场已变成一片尸山血海，
原野的鲜花都改变了颜色，
直杀得阴风浩荡天昏地暗。
卡斯提亚人纷纷转身逃命，
斗志涣散已无力进行反击，
卡斯提亚国王见大势已去，
只好改变他的野心和初衷。

（第四章·42节）

他把战场弃给胜利的人们，

庆幸没把自己的性命留下，
他的身后尾随着残兵败将，
他们吓得恨不得脚插双翅。
惨痛的伤亡，损耗的巨资。
悲哀与耻辱，仇恨与羞恼，
眼看胜利者缴获大量辎重，
只好将悲愤深深藏在心里。

（第四章·43节）

有人在大声地詈骂与诅咒
人间首次发动战争的恶棍，
有人在恼恨的责备与怪怨
贪婪的欲壑和无尽的野心，
为把他人的财富占为己有，
驱赶人民惨受地狱的酷刑，
无数不幸的母亲失去儿子，
无数可怜的妻子失去丈夫。

（第四章·44节）

阿尔茹巴洛塔战役（Batalha de Aljubarrota）是葡萄牙历史上一次非常著名的战役。1383年，葡萄牙国王费尔南多一世去世，留下其唯一的子嗣贝娅特丽丝公主作为继承人。由于她嫁给了卡斯蒂利亚国

阿尔茹巴洛塔战役

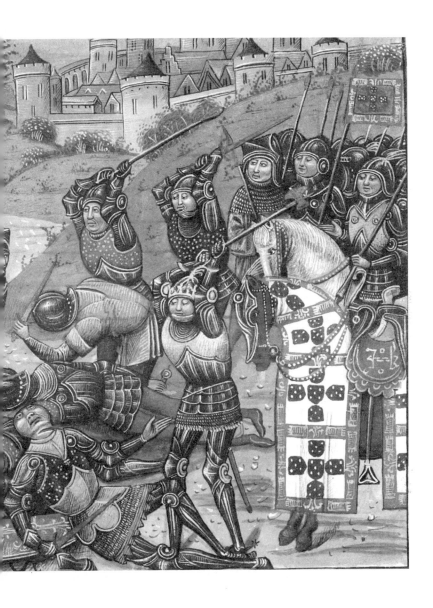

图片来源：大英图书馆官网：https://www.bl.uk

王胡安一世（D. Juan I），因此贝娅特丽丝的继任让胡安一世宣布其家族有权占据葡萄牙王位。这样一来，曾经由葡萄牙首任国王阿丰索·恩里克斯(D. Afonso Henriques)征战来的疆土在近两个半世纪后，将再次沦为卡斯蒂利亚王国的附属。

面对这一情况，葡萄牙社会出现了表现相反的两个阶层，旧贵族希望葡西两国联合，而新贵族（即新兴的资产阶级）想让卡斯蒂利亚王国远走高飞，并因此决定采取更为冒险的策略。资产阶级说服了阿维什之主若昂（João, Mestre de Avis）——即费尔南多一世的庶出之弟——为自己谋取王位。这显然遭到了卡斯蒂利亚国王胡安一世的反对，并引发了1383年开始的为期两年的军事冲突。

在这些军事冲突中，最重要的便是阿尔茹巴洛塔战役。若昂计划在卡斯蒂利亚人前往莱里亚的半路对其采取突击，两支大军相遇，葡方虽有英格兰的支持，但比起另一头得到法兰西帮助的卡斯蒂利亚军队，在人力物力上仍占下风。阿维什之主把部队的指挥权交给了经验丰富的战略家努诺·阿尔瓦雷斯·佩雷拉（Nuno Álvares Pereira）将军。他借鉴英格兰老兵们的作战经验勾勒了一个"包围"伏击计划，带领葡萄牙以少胜多，赢得了阿尔茹巴洛塔战役。随着胜利的到来，麦斯特·阿维什也名正言顺地成了葡萄牙和阿尔加维斯的国王若昂一世，从此开启了阿维什王朝。

本段诗歌是对阿尔茹巴洛塔战役的描述，其主要内容可分为三部分：第一部分（第四章·28—29节）是对战役的引入，诗人在其中指出了卡斯蒂利亚人吹响进攻号时的宏大气魄，并夸张地描写了其不仅对人民，甚至对自然所产生的巨大影响；第二部分（第四章·30—42 节）是对战役本身的描写，其中也穿插着诗人在第 32 节所表达的自我情感，还包括第 30、34 和 35 诗节中对努诺·阿尔瓦雷斯英勇行为的描写。此外，诗节当中还有对于卡斯蒂利亚战队的努诺·阿尔瓦雷斯的兄弟们的描写，连同诗人的评论一起（"一场兄弟亲朋的自相残杀／像恺撒与庞培之间的内讧"）；最后一部分则是从第 43 到 45 诗节，为我们呈现了卡斯蒂利亚人在战败后士气低落，溃不成军的场景以及对战争的反思。

于贝伦发声的长者

> 那一天，人民倾城出动，
> 亲朋好友，好奇的观众，
> 他们的眼睛里充满离愁，
> 聚集在海岸为我们送行。
> 一千名德高望重的僧侣，
> 陪伴着我们的队伍游行，
> 我们庄严地向上帝祈祷，
> 向着沙滩上的舢板走去。

（第四章·88 节）

> 如此前途未卜的漫长远航，
> 使人们断定我们难以生还，

女人们流淌着伤心的眼泪,
男人们从心底里发出叹喟,
母亲,妻子,姑嫂,姊妹,
骨肉神情,更加充满疑虑,
这样早便与我们永世诀别,
加倍地使她们绝望而心碎。

(第四章·89节)

只听母亲这样说道:孩子啊,
你是我那唯一的安慰和寄托,
我将要在悲惨痛苦的哭泣中,
结束这已然疲惫衰老的人生。
我那宝贵的儿子啊,你为何
要把可怜而贫困的母亲抛弃?
你为何要离开我而远走高飞?
去葬身大海,做鱼虾的食物?

(第四章·90节)

妻子披散着头发:"丈夫啊,
你怎能狠心割舍我们的爱情?
把那属于我不属于你的生命
冒险向那片狂怒的汪洋祭奉?

你怎能为那生死难料的路途
忘记了我们朝朝暮暮的温情?
难道竟愿意让风儿扬起长帆
将我们的温存快乐统统断送?

(第四章·91节)

千言万语也道不尽她们那
柔情蜜意和无限悲伤忧虑,
老年人和孩子们随声附和,
他们的年龄使人感情脆弱。
几乎被他们的深情所感动,
附近群山发出低沉的回声,
泪水都打湿了白色的沙滩,
男女老少,无不挥泪潸然。

(第四章·92节)

那是种何等悲壮的情景啊,
甚至不敢看一看母亲妻子,
为了不让人更加肝肠寸断,
也许为了不动摇坚定信念,
我决定不再作照例的辞行,
就这样毅然决然登上海船,

虽说生死离别,人之常情,
但去者留者都会更加痛苦。

(第四章·93节)

可是有一位神色可敬的长者,
掺杂在海滩上熙攘的人群中,
只见他远远地在向我们眺望,
摇了摇头,很有些不以为然。
他那种稍稍抬高的低沉嗓音,
我们在大海上能清楚地听见,
用只有阅历才能凝结的智慧,
说出这样一席发自肺腑之言:

(第四章·94节)

荣耀的权力,荒诞的贪欲啊,
我们误把这种狂妄当成名气!
那蛊惑人心的追求激发起了
狂热的野心,就是所谓荣誉!
对那盲目崇拜你的空虚心灵,
要施以无情的报复和打击!
除了死亡危险和痛苦的折磨,

你还要导演什么残酷的悲剧?

（第四章·95节）

你使那心灵和人生动荡不安，
你是男女相弃和淫乱的根源，
你是狡猾而有名的花花公子，
荡涤尽了王国和帝业的财产！
有人盲目地称颂你英明卓越，
实际上只配受诅咒丢人现眼，
有人盲目地称颂你伟大非凡，
只有人民中的白痴才会受骗。

（第四章·96节）

你究竟还想要把这个国家，
引向什么新的灾难的深渊？
在那某种动听的名义之下，
又为他们设置了什么危难？
你许诺的什么帝国和金矿，
难道真会轻而易举地觅见？
难道真能给他们什么荣誉，
光荣的成功和胜利的凯旋？

（第四章·97节）

然而你是那个狂人①的后裔啊,

由于他违背上帝意志的缘故,

不仅被驱逐出了神圣的天国,

放逐到这荒凉悲惨的人世间,

永远怀着对天堂的痛苦思恋,

而且剥夺去恬静的黄金时代②,

将你投入这残酷非人的世界,

永遭野蛮而血腥的连年战祸。

(第四章·98节)

既然那种虚荣使你感到快乐,

既然那种轻浮幻想令你陶醉,

既然你把野蛮而残忍的兽性

---

① 指亚当。据《圣经·创世纪》载,上帝将人类始祖亚当、夏娃安置在伊甸园,规定他们可以自由采食园内除知善恶树以外的果子。据说人吃了知善恶树的果子,眼睛就会明亮,能同神一样知道善恶。亚当、夏娃受蛇引诱,偷食禁果,被逐出乐园。
② 黄金时代(Idade de Oiro):在古代希腊人的观念中,黄金时代是人类过着幸福生活的时代,没有纠纷,没有战争,没有被迫的繁重劳动,因而生活得无忧无虑。继黄金时代而来的是白银时代,人类也有幸福的生活,但因为傲慢而被神灭绝。第三个时代称为青铜时代,人们住铜宅,使用铜工具劳动,开始用铜制造甲胄,因为在青铜时代以前,人类尚不知战争为何物。这一代人不会务农,靠掠夺和暴力夺取食物。人们自相残杀,一代英雄继之而起,他们自认为是神祇的后代,英勇好战,但公正高尚。最后人类沦落入黑铁时代,神祇让人类不停地劳作,无休止地受难。生命短促,到处是纷争。统治人间的不是法律而是暴力,人们不知羞耻,沉沦于邪恶。人类正走向死亡,因为神很快会把这一代人消灭掉。

装饰一种英勇和果敢的美名,
既然你是那样崇尚轻视生命,
而那生命本应永远受到珍视,
因为即使那位赋予生命的神①,
也曾经那样地惧怕将它失去。

(第四章·99节)

那么摩尔人不近在你的身边,
难道你不是同他们战火连年?
如果你仅仅为基督信仰而战,
他们不追随可恶的阿拉伯人?
如果你仅为贪慕土地和财富,
那里没有千座城池万顷良田?
如果你想由于胜利受到赞誉,
他们不是你眼前武装的敌人?

(第四章·100节)

可是你听任寇仇在门前壮大,
却去寻找如此遥远的新对头,

---

① 即上帝。

为此任凭古老王国田园荒芜,
任凭它衰微沦丧,在远方陨落,
只因为你受到虚荣心的蛊惑,
就远去寻求凶吉未卜的危险,
醉心于歌功颂德的赞美之中,
自诩是印度波斯阿拉伯主宰。

(第四章·101节)

啊,世间那个始作俑者啊!
真是一个十恶不赦的坏蛋!
倘若世界上还有公正可言,
他真应该下地狱永遭磨难!
任何博大精深的智者哲人,
任何才华横溢的天才诗人,
都不会因此对你礼赞纪念,
你只配受万劫不复的诅咒。

(第四章·102节)

伊阿珀托斯的儿子[①]从天宫里

[①] 即普罗米修斯。伊阿珀托斯是古希腊神话中提坦神之一,亚细亚的丈夫。他是普罗米修斯的父亲。

窃来了火种埋入人类的心中,

从此人间点燃战火失去太平,

那是战争死亡和耻辱的祸种!

莫大的错误啊,普罗米修斯,

假使你未曾赋予那只泥偶人

激起贪欲的火种那该有多好,

世上哪会发生这样许多灾祸!

(第四章·103节)

不至于使那个可怜的青年①,

冒失地驾驭父亲的太阳车,

建筑师父子②不会幻想飞翔,

一个葬身大海,一个沉入波河。

人类会清静无为与世无争,

没有酷暑严寒,没有水火战争。

不会做出狂妄的渎神劣行,

真是可悲的命运,荒诞的处境!

(第四章·104节)

---

① 指法厄同,因不善驾驭父亲赫利俄斯的太阳车失事,被宙斯放雷电劈死于波河。
② 指传说中的建筑艺术家代达罗斯和他的儿子伊卡洛斯。代达罗斯父子在克里特岛为怪兽弥诺陶洛斯营造了一座迷宫。后来克里特岛国王弥诺斯把代达罗斯父子关进这座迷宫。代达罗斯用蜂蜡把羽毛黏起来,做成翅膀,和儿子一道飞离克里特岛。途中,伊卡洛斯飞得太高,阳光融化了蜂蜡,这个少年坠海而死。

卡蒙斯塑造的这位在船队出海前还喋喋不休的老者，是《卢济塔尼亚人之歌》中的一个关键人物，他作为代表，表达了当时社会一部分人群对航海的看法，同时也成为后世研究《卢济塔尼亚人之歌》时的重要研究对象之一。

事实上，选段中第二部分长者的话语与第一部分的内容之间是相联系、相呼应的：老者的话语是第一部分所有无名百姓呼声的集中表达，百姓们发自肺腑的想法和情感通过老者之口而抒发：他们害怕家人在航海途中遭遇危险、折磨甚至是性命之危。但是，比较无名百姓的呼声与老者说的话，是存在区别的，这种区别可能主要是老者的话语显示出一种深层的文化性和独立的思想性。因此我们也可以从中看出诗人卡蒙斯与老者的想法的契合。虽然诗中的叙述者是达·伽马，却也有葡萄牙民众在抒发悲伤，如孑然的母亲哀号道："孩子啊 / 你是我那唯一的安慰和寄托 / 我将要在悲惨痛苦的哭泣中 / 结束这已然疲惫衰老的人生"（第四章·90 节）；不舍自己丈夫的妻子抱怨着"你怎能为那生死难料的路途 / 忘记了我们朝朝暮暮的温情"（第四章·91 节）。

同时，卡蒙斯又通过老者对反对大航海运动提出了有理有据的理由，如大航海运动实是国王拿自己子民的生命去追寻财富的贪欲（"荣耀的权力，荒诞的贪欲啊 / 我们误把这种狂妄当成名气 / 那蛊惑人心的追求激发起了 / 狂热的野心，就是所谓荣誉"）（第四章·95 节），以及追求权力的虚荣（"只因为你受到虚荣心的蛊惑 / 就远去寻求凶吉未卜的危险 / 醉心于歌功颂德的赞美之中 / 自诩是印度波斯阿拉伯主宰")(第四章·101节)。

有观点认为,如果诗人卡蒙斯的想法与老者的相同,那就与《卢济塔尼亚人之歌》的英雄史诗题材似乎自相矛盾了。有关这一问题,葡萄牙文学史上存在着不同的看法:根据葡萄牙历史学家安东尼奥·若泽·萨拉瓦(António José Saraiva)的观点,诗人卡蒙斯的个人想法确实完完全全地体现在老者这一人物身上,他代表了人本主义意识形态。然而如何解释诗人在作为一名人本主义者的同时却又高度赞扬向远东扩张的葡萄牙舰队之间的矛盾呢?有学者认为卡蒙斯虽是人本主义者,但与此同时他也是骑士精神的拥护者。如在第100和101诗节,诗人通过老者谈及对距离葡萄牙更近的敌人——北非摩尔人——的话语("如果你想由于胜利受到赞誉／他们不是你眼前武装的敌人")(第四章·100节)承认了:如果战争是出于保卫国家的英雄主义目的,则是可以接受的。另外,也有学者认为老者的想法与《卢济塔尼亚人之歌》的骑士精神之间没有任何矛盾,因为老者的话语仅代表人物的个人想法,即当时社会对航海事业的抵触情绪。即便如此,老者的反对并不能代表诗人的想法,也不能全然地代表文艺复兴时期闪光的思想。老者的话语可看作是对即将远航的葡萄牙航海家们所要面临危险的警告。正是因为他认为如此大规模的航行是"不可行的",甚至是"灾难性"的,所以也有学者表示老者的这些消极想法被诗人巧用,反衬出葡萄牙航海家乃至人类征服自然的英雄精神。

然而不可否认的是,对于葡萄牙的大航海,历史上葡萄牙内部确实存在两种观点，即"反对向远东扩张，认为更需要前往北非"的旧贵族的想法和"比起征战北非保护葡萄牙本土，更应向东方扩张以敛夺财富"的这一新贵族的想法。诗人卡蒙斯从未指责过老者的观点，诗歌中对亨利国王（航海的极力推崇者）的伟业也几乎是只字未提。与此同时，我们也可以在诗歌中读出卡蒙斯一直希望塞巴斯蒂安国王可以领兵征战北非，并由自己为其再谱史诗（"要么去荡平安培路沙的原野／摧毁摩洛哥啊特鲁坦特的城墙／我可敬而快乐的缪斯女神啊／将让整个世界把你称颂赞美"）（第十章·156 节）。上述种种或都在向读者表明，卡蒙斯的想法与老者存在着某种程度的一致性，即征战北非是比向远东扩张更好的选择。即使老者容忍了此类保卫国家的战争，也并没有完全破坏文艺复兴时期推崇的人本主义思想。

告别缪斯，请愿塞巴斯蒂安国王

缪斯女神啊，我不愿再歌吟，
我的琴弦已失调，喉咙嘶哑，
可这并不是由于过度地歌唱，
只由于听众冷漠，不见知音。
祖国不肯稍稍赐我一点恩惠，
以激励我的灵感和艺术才情，
她已沉沦于一味的贪欲之中，

一筹莫展野蛮愚昧死气沉沉。

(第十章·145节)

不知被何种厄运的阴影笼罩,
使她缺乏轻松而骄傲的活力,
让人民永远振奋,精神鼓舞,
乐观向上地迎接艰苦的努力。
我的陛下啊,正因为是这样,
冥冥上苍让你登上国王宝座,
看你将主宰何等优秀的臣民,
比一比你周围的其他民族吧!

(第十章·146节)

他们愉快地踏上种种征途,
仿佛是一头头雄狮与野牛,
任凭遭受饥馑与彻夜不眠,
迎接着利剑与烈火的考验,
忍受着严寒与酷暑的折磨,
抵御生番与摩尔人的偷袭,
闯过世间一切不测的危难,
还要葬身鱼腹去面见死神。

(第十章·147节)

他们为你效忠不畏千难万险,
任凭距你多远他们永遵王命,
哪怕是你让他们去赴汤蹈火,
他们也会欣然从命绝无怨言。
只要一想到你那关怀的目光,
他们即使是闯入魔鬼的地狱,
也会甘冒那里的黑暗与毒焰,
从不知何谓失败,一定会胜(顺)利凯旋。

(第十章·148节)

请你天颜和悦亲自召见他们,
慷慨地赐予他们宠幸与快乐!
使他们摆脱酷法严刑的束缚,
这样才打开你超凡入圣之路。
你要擢用那些富有经验的人,
如果他们阅历广泛善良正直,
你就应躬听他们正确的规谏,
他们懂得因地制宜随机应变。

(第十章·149节)

愿你使人尽其才,发挥天赋,
望你能任人唯贤,量才录用,

应该让那些修道士去做祷告,
祝福你统治的国家永久和平,
应用斋戒与教规去劝恶从善,
扫除世间的一切贪欲和野心,
因为一个真正完美的宗教徒,
绝对不会去贪慕虚荣与财富。

(第十章·150节)

君王啊,愿你无上推崇骑士,
他们英勇无畏,甘洒热血,
不仅为上帝传播天国的教义,
还为你开拓辉煌的帝国疆域。
他们在那么遥远的异域他乡,
不辞艰辛勤勤恳恳为你效忠,
他们必须同时战胜两种对手:
生番野人和非人承受的劳顿。

(第十章·151节)

君王啊,愿你使令人敬佩的
日耳曼、高卢、意大利、英国人,
永远不能嘲笑我们葡萄牙人,
是天生的奴才,不配做主宰。

愿你只听取有识之士的忠言,
他们在漫长岁月中积累经验,
尽管那些书生可以空发议论,
随机应变还要靠丰富的经验。

(第十章·152节)

看风流儒雅的哲学家佛米安
那天在汉尼拔面前高谈阔论,
炫耀他一知半解的战争艺术,
是如何被汉尼拔所嘲弄耻笑。
不能靠凭空想象,纸上谈兵,
来掌握战争艺术和军事才能,
只有亲临沙场,身经百战,
才能学到真正的战略和战术。

(第十章·153节)

我更复何言?一个你不相识,
做梦也未曾想到的山野贱民?
然而我深深知道往往卑贱者,
能吐出臻于完美的赞颂之音。
此生之中我不乏诚实的学习,
还掺杂长久而又丰富的阅历,

更兼此刻你亲眼所见的才华,
集三者于一身世间实乃罕见。

(第十章·154节)

为你效忠我生就空无的膂力,
为你歌唱我禀赋缪斯的才气,
我所缺乏的仅仅是你的赏识,
美德与才智应受你的表彰。
假使上天能赐给我你的器重,
假使你立志开创非凡的伟业,
正像我心灵中所预感的那样,
我已洞察到你那种天赋才干。

(第十章·155节)

要么用比墨杜萨可怕的目光,
雄视阿特拉斯山使它瑟瑟发抖,
要么去荡平安培路沙的原野,
摧毁摩洛哥和特鲁坦特城墙。
我可敬而快乐的缪斯女神啊,
将让整个世界把你称颂赞美,
推崇你为当代亚历山大大帝,
再不必仰慕幸运的阿喀琉斯。

(第十章·156节)

本选段为《卢济塔尼亚人之歌》的结尾部分。诗歌结束，卡蒙斯与缪斯们告别，并向塞巴斯蒂安国王请愿，愿由国王率领葡萄牙军队再次踏上新的征程，并表达出自己能再谱新章的意愿。

虽然《卢济塔尼亚人之歌》是一部恢宏磅礴的赞颂葡萄牙及葡萄牙航海家的英雄史诗，但在诗歌收尾处，尤其是在第 145、146 节，我们可以明显地读出诗人的某种惆怅与落寞，如"缪斯女神啊，我不愿再歌吟／我的琴弦已失调，喉咙嘶哑／可这并不是由于过度地歌唱／只由于听众冷漠，不见知音"。这主要是因为，《卢济塔尼亚人之歌》的发表距离其创作，中间已隔了较长的一段时间。当《卢济塔尼亚人之歌》被递交到国王手中时，那时的葡萄牙国家内部已经产生了一定的抵抗海外扩张的思潮：葡萄牙人也不再那么着迷于帝国的扩张和宗教的传播。他们之中，有的甚至已开始明确地批判这种一味追逐功利的思想，而这种对物质的低欲望也冲淡了诗歌所赞扬的骑士精神。事实上，这种对海外大扩张的厌倦思想于 1578 年葡萄牙在阿尔卡塞尔-克比尔战役中战败时最为凸显。

然而第 145—146 节中所示的消极态度却起到了在下文高度称赞年轻国王塞巴斯蒂安的作用。卡蒙斯称颂国王，说只有他才有能力将葡萄牙带出目前的停滞状态。诗人对塞巴斯蒂安国王的呼吁，也正是贯穿《卢济塔尼亚人之歌》的骑士精神的体现。与此同时，诗人加入了自己的看法，即和劝说葡萄牙航海队的那位老者一样，认为葡萄牙应该继续往非洲扩张而不是向远东进发。这一想法也得到了当时葡萄牙旧贵族的支持，而塞巴斯蒂安国王也将成为这场北非扩张之旅的英雄人物。

塞巴斯蒂安国王（D. Sebastião，1554—1578），是葡萄牙第十六任国王，若昂三世之孙，若昂王子（João Manuel, Príncipe de Portugal）和查理五世（Carlos V）之女若安娜（Joana da Áustria）的独子。塞巴斯蒂安国王深受宗教影响，整日沉湎于扩张领土和宣扬基督教的梦幻里，并相信自己会成为一个以耶稣之名征服非洲穆斯林的统帅。1574年，他首次进攻摩洛哥，最终铩羽而归，但是这并没有打消其攻占北非的念头。1578年，塞巴斯蒂安国王与摩洛哥被废的苏

克里斯托瓦奥·代·莫莱斯《唐·塞巴斯蒂安肖像画》
现藏于葡萄牙国立古代艺术博物馆

丹穆罕默德·穆泰瓦基勒（Abu Abdalá Maomé Saadi Ⅱ）联手率领一支侵略军队在丹吉尔登陆，8月4日在马哈赞河附近的阿尔卡塞尔-克比尔与摩洛哥苏丹阿卜杜尔·马利克一世（Abu Maruane Abdal Malique I Saadi）展开了正面对战。摩洛哥军队虽装备略逊一筹，但进攻十分凶猛。最终，葡萄牙军队被击溃。葡军在向马哈赞河对岸撤退时正值涨潮，许多士兵和军官都葬身大海，而塞巴斯蒂安国王在此过程中消失，至今未能发现其尸首。虽然塞巴斯蒂安国王从战场中生还的可能性极低，但在葡萄牙人的心目中，他只是失踪了，而他的失踪则变成葡萄牙爱国者眼中的传奇。他们将塞巴斯蒂安称为"沉睡的国王"。与此同时，葡萄牙国内兴起了塞巴斯蒂安主义（Sebastianismo），这是一种对未来的信仰，认为当国家处于危难之际，塞巴斯蒂安国王会回到祖国，拯救葡萄牙和他的子民。

史诗的文体、结构及修辞

通过阅读《卢济塔尼亚人之歌》，感受其中的语言、风格和结构，能够帮助我们整体了解史诗这一文体的特点、构成以及诸要素如何通过巧妙的排布与联系来完成一部鸿篇的过程。本部分以文体意义上的"史诗"作为中心，从宏观的史诗发展历史到具体的《卢济塔尼亚人之歌》的分章、修辞，逐一进行分析。

史诗与反史诗

早期的史诗，是在一定历史时期经集体编创的长篇叙事诗歌，叙述的多是英雄故事或重大的历史事件。史诗和古代神话传说的关联尤为紧密，反映的是人类在社会发展初级阶段下对世界的认知、看法和心理状态，即所谓的一种"神话的世界观"，但史诗本身呈现出的思想价值，又是站在神话世界观基础之上对神话世界观的超越。

我们所熟知的一些负有盛名的史诗，如古巴比伦的《吉尔伽美什》、古印度的《摩诃婆罗多》和《罗摩衍那》、古希腊的《伊利亚特》和《奥德赛》，都属于早期史诗，都有一个共同的特点——长期以口头方式创作和传诵，并在传诵过程中不断被加工、丰富。所以，这些经由集体创作的史诗是无法明确创作者的，即使我们经常会把《伊利亚特》和《奥德赛》称为"荷马史诗"，但荷马也并非创作者，而是编录者。

随着文字的发明与发展，再加上人类文化传播能力的提高，文人史诗（也叫后期史诗）出现了。这类史诗与早期民间史诗的区别在于：它是由文学作家出于某种目的而有意识地撰写出来，并不是在一个个无名诗人口中逐渐形成，因此它更多地包含着文学作家浓烈的个人思想感情，歌功颂德的情况占大多数。

古罗马诗人维吉尔的《埃涅阿斯纪》是欧洲第一部文人史诗，对后世史诗发展的影响尤巨，这里面就包括对卡蒙斯《卢济塔尼亚人之歌》的影响。《埃涅阿斯纪》讲述的是古罗马开国之君埃涅阿斯的故事，后来很多创作者也开始因循这一套路，通过写史诗为本民族英雄和本民族高唱赞歌，以宣示自己民族的独立性，呼唤人民的独立意识。再后来，随着民族国家的形成、发展与成熟，对于民族的热爱也上升为对于国家的热爱,时至今日依旧散发着光辉。此外,从《埃涅阿斯纪》开始,史诗文体在人物、结构、格律等方面也进一步定型,所包含的文学价值进一步提高。

以上提到的后期文人史诗的特点,在《卢济塔尼亚人之歌》里均有体现。写这部史诗的目的,卡蒙斯在第一章开头就已经言明,是要将一些葡萄牙人的声名四海传扬。那么,是哪些葡萄牙人呢?他们之中,有"在那荒僻遥远的异域之邦/将灿烂辉煌的新帝国拓建"的"威武的船队,强悍的勇士"(第一章·01节),有"那些为传播宗教信仰/开辟帝国版图的历代君王"(第一章·02节),还有"那些由于建树了丰功伟绩/超脱死神法律的无数英雄"(第一章·02节)。

歌颂的目的,和其他民族史诗一样,都是要彰显本民族的独一无二。在葡萄牙王国正式成立以前,卢济塔尼亚人便已在伊比利亚半岛生息,但因其自身实力较弱,常被外敌入侵和吞并。历史上,罗马人、西哥特人、阿拉伯人、卡斯蒂利亚人都曾不同程度地奴役过卢济塔尼亚人。这样的记忆,使得独立于世界民族之林,成了长久以来卢济塔尼亚人内心深处的呼唤。那么谁能够作为史诗的主角,获得象征民族独立的殊荣?卡蒙斯挑中了达·伽马,因为后者确实作为葡萄牙人,影响了整个世界历史的进程。他的行为,不仅在当时让鼎盛的葡萄牙傲立于地球,更让这个国家的尊名被永远地、光荣地镌刻在了人类文明史册之上。若干年后,人们回翻此页,必会读到葡萄牙的国名,看见由一个民族书就的幕幕史诗。

达·伽马敢为天下先,奔赴东方为王国开疆拓土,《卢济塔尼亚人之歌》对此等精神始终是正面褒扬的。但对待航海这件事，从诗歌中的一些细节，能知晓诗人在态度上仍存在些许迟疑甚至矛盾，或者说他是通过建立史诗中的矛盾借以反映自己的思考。

比如说，卡蒙斯在《卢济塔尼亚人之歌》的第四章设计了这样一个场景，这也是我们在前文当中讲到过的：达·伽马船队从贝伦港口启航的当日，万千民众出来送行，里斯本城为之一空。按照史诗惯常的路数，我们是否会认为：情节走到这儿，会有大量的笔墨去渲染辉煌灿烂的英雄场面，刻画船员们勃发的英姿？其实不然。该处描述的对象反而放在了岸上送行的人们那儿，尤其是船员的家属。自己的家人踏上了舢板，行将前往大海未知的尽头，此刻写在这些亲眷脸上的不是"但去莫复问"的豪情，抑或支持航海并盼待凯旋的襟怀气概，而是更加贴近现实的反应——痛苦。对于当时的人来说，如此漫长的远航何止是前途未卜，简直无异于永世诀别。生死的宏大命题下，绝望、愤怨、担忧、质疑，人们痛苦反应里的信息极其复杂。这里史诗重点勾勒了船员母亲和妻子的状貌和语言：母亲悲叹儿子为何要把自己抛弃，葬身大海去做鱼虾的食物；妻子嗔怪丈夫何以狠心割舍爱情，让风儿扬起长帆将伉俪的温存断送。送行现场哀声一片，悲壮万分，"附近群山发出低沉的回声／泪水都打湿了白色的沙滩／男女老少，无不挥泪潸然"（第四章·92节）。

此外，卡蒙斯塑造了经典的老者角色，他神色可敬，站在熙攘的人群中，作为旁观者，从心底里反对航行。但这不是基于他和某位船员的亲缘关系，而是在以一种宏观的视角对事件做出评价和预判。卡蒙斯用了整整十节的篇幅（第四章·95—104节）记录这样一名反对者的言论。

与其说这部分是当时社会上必然存在的反对声浪，毋宁说它是诗人另一番心迹、另一种想法的表露。诗人著诗，距达·伽马航行已隔半个世纪，此时再回首往事，会相对看得更加客观，也才会像诗中老者一样，去对大航海进行深一步的反思，反思它的动机：真的是全然良善的？实现的途径真的是全然正确的？得到的结果真的是全然有益的？

老者讲的话不无道理，或许在葡萄牙的"爱国主义者"看来，大航海是必欲力挺的壮举，但不得不说，航海的动机确实更多是出于"荣耀的权力，荒诞的贪欲"。所谓促进东西方交流、改变世界格局等评价，不过是跳脱事外的后人所做的分析和总结，但对于当事的那些因生活难以为继遂选择出海的船员，刀头舐血的奔头无疑是更大的利益。

而论及实现更大利益的途径，血的历史也一再地控诉着殖民侵略者的丑恶行径，甚至殖民的剑到葡萄牙手中，还变成了双刃，一面害了别人，一面伤了自己，令王国耽于骄奢，迅速地腐化堕落。这一点在前面已有提及。

我们难得在史诗作品中听到理性的声音，读到冷静的笔触，因为史诗故事的驱动力，似乎总能不约而同地归到激情，即人类情感的波动甚至冲动上面。例如著名的《伊利亚特》，讲的是古希腊与特洛伊两国长达十年的战争，而这件大事的起因，无非就是帕里斯和海伦私奔这点小小的情事。那么《卢济塔尼亚人之歌》呢？同样可概括为一场为去东方牟利而进行的、激情使然的探险之旅。但是，人类需要情感的抚慰，也需要理智的鞭策，纵然是伟大的激情，泛滥成了灾，也沦为肤浅的煽情，碍人进步。卡蒙斯斗胆让自己对航海的一点别样反思由笔尖流出，结果这抹反史诗的、与史诗调性相冲的色彩，倒成了《卢济塔尼亚人之歌》尤其难得、深刻、独特的亮处，因为它所体现的，是史诗作品思想兼容性上的提高。而说到底，"反史诗"这个文学理论的词汇，表达的意思既非对整个史诗的"反"，反的东西也不是史诗，更妥帖的说法是，它让史诗进一步实现其发展与成熟，毕竟从《伊利亚特》到《卢济塔尼亚人之歌》，史诗经历的是两千余年的成长。

反史诗的情节，作为这部作品的重要记忆点，至今仍被重视，并引人深思。葡萄牙很多讲述大航海历史的陈列馆，总要将有关那位老者的部分从史诗诸多片段中择出，言于众人。千百年后的众人复观往事，想必会细加思量。

史诗的结构

总体上说，我们至少能选择两套不同的思路来审视《卢济塔尼亚人之歌》，并划分出它的体系结构。一套按照显性的外部结构来划分，而另一套则对应了相对隐性的内部结构。

外部结构凭借着流于史诗表面、关乎诗歌文体的东西，即以格律、韵脚、音节等要素作为指标。这样划分的结果，呈现出建筑设计图纸那样的透视感和客观性。根据这种思路，《卢济塔尼亚人之歌》的结构可以通过一系列数字来描述：

位于波尔图的发现世界博物馆（World of Discoveries），展示了葡萄牙航海大发现的历史①

发现世界博物馆工作人员表演还原的《卢济塔尼亚人之歌》中老者劝阻船员出海的场景②

① 图片来源：https://www.kidsandcompass.com/porto-with-kids/.
② 图片来源：央视纪录片《魅力葡萄牙》第1集。

◎ 全诗共 10 篇章、1102 诗节、8816 诗行；

◎ 诗歌每节 8 行（或 8 韵脚），各成格律；

◎ 诗歌每行根据行末重音计算，为 10 音节。

相比之下，内部结构的划分涉及诗歌的意义，考察的对象包括诗歌叙述者或叙述风格的转变，各部分作用，部分与整体的联系，等等。《卢济塔尼亚人之歌》的内部结构，甚至和其他一些史诗，分享着类似的特点。它的内部结构如下：

◎ 主题部分（第一章·01—03 节）：歌颂卢济塔尼亚人光辉的事迹和英勇的气概；

◎ 呼祷部分（第一章·04—05 节）：向缪斯女神（诗中具体指塔吉忒姊妹）呼唤，请求其赐予诗歌的灵思妙笔；

◎ 献词部分（第一章·06—18 节）：写给塞巴斯蒂安国王[①]，表明自己的崇敬与爱国之情；

◎ 叙事部分（第一章·19 节始）：讲述达·伽马的航海经历与卢济塔尼亚的历史。

括号内标注的节数，只是内部结构中各部分开始的位置，并不意味着某一部分的特征在括号对应诗节以外便不再出现了，实际情况是：主题、呼祷、献词、叙事四部分在第一章开始以后，便一直

---

① 塞巴斯蒂安（D. Sebastião）是葡萄牙阿维什王朝第七位国王，在位时执着于向北非传播基督教，曾两次发兵进攻摩洛哥，但均告失败，其本人也命丧沙场。但葡萄牙人认为他们的国王只是失踪，并对其归来抱有幻想，因此塞巴斯蒂安成了葡萄牙人心中能够带领国家走向辉煌的标志。

连贯在了史诗的进程中，同时相互穿插、交融。例如主题部分的内容会延伸入献词部分，因为后者也会在叙述中谈及卢济塔尼亚人的英雄之举；再如呼祷部分，即向神祇祈愿之类的内容，也不仅仅止于第一章的04—05节，在其他地方如第三章·01—02节、第七章·73—77节、第十章·08节等处，该类内容同样存在着。

而由于《卢济塔尼亚人之歌》的绝大部分篇幅为叙事部分，那么对于它的分析也往往能做到且有必要做到详细深入。总体而言，诗歌的叙事部分具备以下特点：

◎ 从达·伽马航行的中段开始叙事："船队已行驶在辽阔的海面 / 快乐的浪花儿拍打着两舷"（第一章·19节）；

◎ 基于从中段开始叙事，史诗发展到后面（第五章），使用了对前情的闪回补叙；

◎ 史诗叙述者的身份会发生跳转（如面见梅林德国王时，对葡萄牙历史的叙述出自达·伽马之口），但同时叙述风格又是一以贯之的；

◎ 叙述是非连续的，会间或加入祈使性、评论性、抒情性文字；

◎ 疏密有致，轻重分明（如第四章·14—44节，在回顾若昂一世[①]的往事时，叙述节奏放缓；第九章·52—63节对爱情岛风物的描述密不间发，而相反，船队返程葡国在第十章仅用144这一节便交

---

① 若昂一世（D. João I）是葡萄牙阿维什王朝的建立者，为葡萄牙的航海与繁荣做出了突出贡献。

代完毕，疏可走马）。

史诗的修辞

除了排布巧妙的结构，《卢济塔尼亚人之歌》在修辞上也给后人提供了丰富的参考，当中更是不乏理想的研究案例，这些可谓是卡蒙斯纯熟写作技巧最直接的体现。但无论是结构的设计，还是修辞的运用，无一不是为了"表现"，为了完成一部优秀的史诗作品。

《卢济塔尼亚人之歌》所用辞格包括衬托、夸张、列举、转喻、拟人、呼告、反问、倒置、首语重复等等，以下将选择三种具有代表性的辞格，分析它们在诗歌中的具体呈现。

◎ 衬托：包括正衬与反衬，即用特点相近的事物或相反的、有差别的事物作为陪衬，以突出主要事物。诗歌要突出的主要事物，就是诗名中的"卢济塔尼亚人"，结合诗中具体事件，很多时候指"达·伽马及其船队"。那些传说里、史册中的人杰和天神，在卡蒙斯笔下，悉数成了卢济塔尼亚人的陪衬。早在第一章，史诗便这样写道：

> 智慧的古希腊和特洛亚人，
> 宏大的远航早已声迹泯然，
> 亚历山大，图拉真，也无人
> 再谈论他们了不起的功勋。
> 我弘扬卢济塔尼亚的豪情，

涅普顿、玛尔斯也甘拜下风，

缪斯不再吟咏昔日的一切，

要把更加绚丽的诗篇传诵。

(第一章·03节)

卡蒙斯用短短的八行，便让历史群英失了色。兵指印度的"征服之王"亚历山大、扩张帝国的"最佳领袖"图拉真，还有海皇涅普顿、战神玛尔斯，他们全都不及今日世界的新英雄——卢济塔尼亚人。放罢"厥词"，诗人犹未缄口，还继续满怀着自信夸耀："勇士们真实而奇瑰的经历/远远超过了一切幻想传奇/阿里奥斯托笔下骑士再生/也难以同你的众英雄相媲。"(第一章·11节)

不管卡蒙斯说得正确与否，其目的是不言而喻的，我们也可以把这些看作是一种夸张的手法，是衬托与夸张两种修辞的结合。而"夸张"的辞格，在《卢济塔尼亚人之歌》中甚至比"衬托"用得更多、更早，早到在首章首节，诗人就已经高歌起他们的船队和勇士，"经历千难万险，无穷战争/超出人力所能承受的极限"。这想来也好理解，既然是自古典时代沿袭下来的史诗文体，有戏剧的波折，也有因戏剧夸张而喷薄的艺术张力，这是毫不奇怪的。

◎ 转喻：作为比喻手法的一种，转喻的使用频率远不如明喻与暗喻，但在《卢济塔尼亚人之歌》中，我们还是能看到它的身影。

转喻的特殊之处在于本体与喻体间存在的并不是外形的相似关系，而是联想的对应关系，经常出现的情况是，喻体是本体的一部分，且能有效代表本体。我们拿《卢济塔尼亚人之歌》中的例子分析：

还是在诗歌第一章，转喻辞格多次出现。第 1 节中，诗人说卢济塔尼亚人"跨越塔普罗瓦那海角（Taprobana）"。结合西方古代地理学家持有的观念，塔普罗瓦那海角位于亚洲东南角。在史诗中，该海角是东西方交界的转喻，跨越了它即意味着进入了东方世界。

再有，"请赐我激情和洪亮的歌喉/不要像芦管一般喑哑粗俗/要似号角一般高亢而嘹亮"（第一章·05 节）中，"芦管"象征了"田园"。这是一个古希腊神话的典故：农神潘追求仙女绪任克斯，但女方并不喜欢农神，便请狩猎神阿尔忒弥斯将她变作芦苇。心灰意冷的农神只得在湖边将芦管绑成排箫吹奏，因而"芦管"也成了田园、农牧的代名词，再从"歌喉"这一语境所提供的线索来看，诗中的"芦管"其实是"田园诗"的转喻；而后面的"号角"就更好理解了，关乎战争、征伐，是"史诗"的转喻。卡蒙斯通过这两处转喻，宣明了自己的写作风格。

◎ 拟人：即赋物以人格，使物人格化。我们经常能在文学作品中见到该辞格，而《卢济塔尼亚人之歌》在记叙具有深层社会、政治、历史意义的宏大场景时，拟人修辞的使用更加令作品迸发出非同寻常的艺术表现力。其中较为经典的一例，还是前文提到的史诗第四章对阿尔茹巴洛塔战役的描述：

卡斯提亚吹响了冲锋号角，
那声音恐怖可怕凶狠残暴，

阿尔塔普罗山被吓得发抖，

瓜的亚纳河翻起恐惧之浪，

杜罗河两岸，阿伦特茹平原，

特茹河奔向大海心神不安，

母亲们听见那可怕的声音，

把孩子紧紧地搂抱在胸前。

（第四章·28节）

发生于1385年的阿尔茹巴洛塔战役，一方是国王若昂一世及将军努诺·阿尔瓦雷斯所率领的葡萄牙军，另一方是卡斯蒂利亚（"卡斯提亚"）国王胡安一世的劲旅，战役在葡萄牙中部的阿尔茹巴洛塔展开。最终，葡萄牙取得胜利，成功度过1383—1385年政权危机，进入了辉煌的阿维什王朝时代。

葡萄牙人在阿尔茹巴洛塔战役中的齐心协力，让他们从卡斯蒂利亚手里夺回了民族的尊严。因此，卡蒙斯在写这段史事时，刻意放慢叙述节奏，并加入丰富的修辞以进行细致的刻画。以上节选的部分，可谓拟人辞格在描绘重大历史事件时如何运用的绝佳范本：在敌人的军队面前，连高山、大河、平原这些自然界至为雄伟的存在，都如同凡人一般，或战栗不已（"吓得发抖"），或仓皇奔逃（"奔向大海心神不安"）。而放眼天地之间，唯葡萄牙的军队从容不迫、临之坦然。一国之人英勇如是，战争怎会不胜？航海怎会不成？历史伟大的时代、人类光荣的使命，又怎会不落到他们的掌上与肩头？

《诗韵》：爱情、大自然与变化

卡蒙斯的诗歌数量不多，但涉及牧歌、颂歌、挽歌等多种创作体裁，尤其擅长创作十四行诗。其诗作被集成《诗韵》（*Rimas*）在其死后的 1595 年出版，中国社会科学院外国文学研究所和葡萄牙古本江基金会也曾联合出版过葡汉双语对照版《卡蒙斯诗选》。其诗作的突出特点是哀伤的格调和真挚的情感抒发。从主题上来看，可以分为爱情、大自然、变化等。以下，我们分别就这三大主题，来欣赏卡蒙斯的诗作。

爱情

爱情，作为卡蒙斯诗中最重要的主题之一，为诗人各体例的作品营造出了浪漫朦胧的氛围。赞歌、田园诗、十四行诗，甚至是恢宏壮阔的《卢济塔尼亚人之歌》，都能够使读它的人们获知作者对爱人的衷情和对爱情的理解。

以下面一首十四行诗为例：

> 一瞥温柔而怜悯的目光，
> 无所顾盼；一丝温柔而端庄的微笑，
> 稍欠自然；一副甜蜜而恭顺的姿容，
> 掩饰着欢乐的心情。

娴静而自爱,
大方而恭谦,
纯真的温情标志着
心灵的贞洁与良善。

大胆中含着羞怯;柔媚,
不安并非由于失检;矜持,
长久的忍受,心甘情愿。

这是天赋予你的美貌
我的西尔瑟,一剂神奇的毒液
改变了我的心绪。

  原诗使用了彼特拉克经典的"4-4-3-3"体,即两段四行诗加两段三行诗的框架。全诗结构明晰,含义清楚。两段四行诗和第一段三行诗作为全诗的第一部分,以细腻的笔触描摹出一个完美无瑕的女性形象。最后,作为全诗的第二部分的第二段三行诗,用来总结美好外表之下更为迷人的本质。诗人将诗中女性比作女妖西尔瑟,荷马史诗中的西尔瑟用美貌征服了阿波罗等神明,而卡蒙斯塑造的女性,终征服了卡蒙斯自己,这或令人想起古希腊神话里爱上自己所雕女子的皮格马利翁。

那么对诗人这位现实世界的"皮格马利翁"而言,最先雕琢出的所爱女性的"目光""微笑""姿容",以及她"娴静""良善""柔媚"的品性,落到最后是为了融合、升华成一个完整的、直达精神世界的美的抽象。这种抽象超脱出肉体,超越于物质,当然也超拔在俗世的道德判断之上。由此,诗人的爱情观及其思想中浓重的柏拉图主义色彩,已经是跃然于诗行。

卡蒙斯诗歌的爱情主题,主要有以下几个特点:

◎ 诗人描写的爱情,是构建文学形象的起点;而作为文学形象出现的、负载了诗人之爱的女性,不必真实存在,不用确指某个人,因其仅为诗人爱意抽象的载体。

◎ 女性自然能负载爱情,却也能负载色情。受柏拉图二元论的影响,卡蒙斯心目中的爱情,归于被抽离出来以独立存在的"理念",而色情作为一种官能的感触,即便可以从理念的本体被歪曲地映照出来,却终非理念本身,无法和爱情等同。

◎ 具象与抽象的分辨,其结果就是二者在特点上注定要表现得极端。爱情与理念,诗人念念不厌,可又注定每念每远,取之弥艰。

因此,我们可以知晓:卡蒙斯把他的一些爱情诗上升到神智、意识的层面,并非在简单地矫揉造作或无病呻吟,而是有思想上的凭依。读者知晓了卡蒙斯的爱情观,面对类似的情况,或也就理解诗人何以这样表述了。

再以《我的心灵呀》这首十四行诗为例:

我的心灵呀,你快快不乐地
这么早就抛弃了人生,
永远地安息在天堂,
留下我在世间孤雁哀鸣。

倘若你在天上,
能够回忆起人间的苦乐,
切莫要忘记那火热的爱,
我眼中包含的一片痴情。

倘若你能感到
我失去你的痛苦,
尚值得你的爱怜。

请求求天主,是他将你妙龄缩减,
但求他也早日带我到你的身边,
就像他过早地把你夺去,从我眼前。

如果说《一瞥温柔而怜悯的目光》一诗,诗人还"耐烦"借层层铺垫来吐露爱意,那么这首《我的心灵呀》便把诗人追求爱情的狂热,毫无差别地释放在了每一诗节。卡蒙斯使用第一人称,展开了肉身对心灵的独白。我们很难弄清楚这样灵肉的分离,是自然得之还是主观而为，但其都来自爱情的感召。即使心灵"早就抛弃了人生，永远地安息在天堂"，即使肉身"在世间孤雁哀鸣"，诗人仍恳请天主的成全，恳请心灵"切莫要忘记那火热的爱"和"我眼中包含的一片痴情"。

对诗人来说，爱情能使心灵保持存在。当诗人求天主早日把心灵带回他的身边时，实际也是在寻求人生、爱情、魂灵三者告别离析，最后混融一体的理想境界。卡蒙斯的这首爱情诗，表面看是对已逝心灵的哀挽，内里还是一篇诗人爱情理念的宣言。

所以，卡蒙斯的爱情诗既透散出理想的高尚气质，同时又不乏文字技艺、文学功底上的过人之处，如下面的这首《爱情是不见火焰的烈火》，就以它美如旎羽的修辞、风尘翕张的铺陈和耐人寻味的深意，在卡蒙斯所作爱情诗中最负盛名。

> 爱情是不见火焰的烈火，
> 爱情是不觉疼痛的创伤，
> 爱情是充满烦恼的喜悦，
> 爱情的痛苦，虽无疼痛却能使人昏厥。
>
> 爱情是除了爱别无所爱，
> 即使在人群中也感觉不到他人的存在。
> 爱情的欢乐没有止境，
> 只有在牺牲自我中才能获得。

为爱情就要甘心俯首听命,

爱情能使勇士俯身下拜,

爱情对负心者也以诚实相待。

爱情既然是矛盾重重,

在人们的心中,

又怎能产生爱慕之情?

　　在诗的第一节,卡蒙斯接连给爱情下了几个定义。"不见火焰的烈火""不觉疼痛的创伤""充满烦恼的喜悦"等充满矛盾的修辞,既凝练地把卡蒙斯对爱情的认识概括出来,又说出了他对爱情的惶惑。爱,是喜是怨,是甘是涩?诗人的感触复杂、多样且冲突抵牾,甚至第二节还出现了"爱情是除了爱别无所爱"这样的逆论。既然要追求对"爱"的爱,那么求得的"爱"的结果自然不会是"别无所爱",又何所谓"除了爱别无所爱"呢?

　　当然,读诗时的逻辑推理往往意义不大,诗人摆出的一系列看似荒谬的矛盾,反倒在实际效果上丰富了爱情的内涵,平添了全诗哲理的深度与美学的况味。为了爱情,卡蒙斯无惧于"牺牲自我",甘愿"俯身下拜"。开篇几个定义之后,通过对爱情力量的反复铺排,我们看到的是诗人追求的坚决,这也使爱情和追求爱情的人,在同一时间里变得伟大。

　　诗将煞尾,卡蒙斯又直面先前自己所描述的种种矛盾,并把对创作该诗目的的坦白,化成了这样的一问:"爱情既然是矛盾重重,在人们的心中,又怎能产生爱慕之情?"此时,全诗的内容明朗了,但意欲传达的东西却又显得更模糊了。剖析文学其实本无成规,你自可视这句话为感问,为反问,为质问,但它终究逃不出诗歌"无解之解"的暗示。乍看上去,整首诗似乎完成了对爱情的详解,实际上却是思绪越理越乱,以至于只能抛出问题作结。对于大哉问之讨论,到了一定程度,或都会面临无果的结局。喧哗后的人们自发地、同时也是被迫地缄口,选择心领神会。

　　卡蒙斯的发问,如《道德经》里的所谓"道可道,非常道",如维特根斯坦的那句"在无法言说之处,人必须沉默"。但这样,本诗对于爱情的论述是否就没有意义了呢?并不是。它至少让读者在沉默前通过"烈火""创伤""痛苦"等具体描述,对爱情产生一种浅层却直观的体会,甚至是不同角度上的全新认知。

　　由于年代久远,我们对卡蒙斯一生的情感经历知之甚少。虽然他在诗作里提到了不少爱人,如"埃莲娜""蕾奥诺尔""女奴"等等,可是在现实中,能为我们确切所知的应该只有他的一个中国爱人,她在1558年湄公河船只失事中丧生。这件事给卡蒙斯的打击无疑是巨大的,也许正是这一悲剧,才使卡蒙斯酝酿出如此浓烈的情愫和将之一吐为快的意愿。后世研究卡蒙斯的人们也多会透过爱情诗,试图揣度诗人在不同时期的感情变化,这也令爱情诗在卡蒙斯诗作中有着较高的研究价值。

大自然

从《诗经》的"蒹葭苍苍,白露为霜",到《神曲》的"摆脱夜间寒霜的小花在阳光照耀下怒放",对自然的描绘在中外文艺作品中自古不乏其例。可能在不同的历史发展阶段,人们选取的自然风物会有更替,但是,描写大自然的目的变化不大,多为寄情言志,抑或铺垫暗示。而在被认为是葡萄牙文学源头的中世纪抒情诗中,我们也能看到丰富的草木、花果、山川、动物等意象,被用以烘托诗歌氛围,增添整体的美感。

卡蒙斯的抒情诗紧承葡萄牙中世纪诗歌,当中自然景物的描写及其在表现诗歌主题上的作用更为突出。首先,大自然作为诗人寻求内心安宁的世界出现,生活于其间便如早期普罗旺斯诗歌中那悠游闲适的牧人一般,回归到了抒情诗原初的情致。其次,大自然反映的是卡蒙斯的主观世界,诗人希望借助外部环境摸索一条通路,能纾解郁结,能表情达意。因此,对大自然的描述,多见于卡蒙斯的爱情诗,其中颇具代表性的为这首《那青山的美》:

> 那青山的美,
> 果子树茂密成荫,
> 那潺潺的溪流
> 冲洗去一切悲愁。
>
> 那沸腾的海洋,美好的地方,

夕阳下山岗,

牛羊归牧晚,

残云犹如战火硝烟。

那美妙的大自然,

变化万千,

只要看不见你,痛苦压我心田。

没有你,我焦躁烦恼,

没有你,即使在最欢乐的时刻

我也感到痛苦难熬。

  这首十四行诗,饱含了卡蒙斯对自然风光的热爱。青山、栗树、溪流、海洋、夕阳、牛羊、残云,通过诸多意象大小不同、错落有致的远近铺写,我们看到的是人与自然的和谐共处。卡蒙斯不吝动用整整两节四行诗的篇幅,纯粹进行蒙太奇式的景物罗列,似带领读者走入一条挂满了田园画作的长廊。移步换景,各色风光顺次纷呈。

  直至第三节,诗人才肯将目光与思绪收回,但还在不断强调大自然对他之重要。在卡蒙斯看来,自然象征着欢乐与美好,给了他思考与创作的灵感,更赐予了他灵魂的慰藉、苦痛的解药。没有了大自然,诗人"焦躁烦恼","即使在最欢乐的时刻","也感到痛苦难熬"。

  如从表面意义上看,该诗罕见地并未出现女性的形象,更无男女

桑德罗·波提切利《春》　现藏于佛罗伦萨乌菲兹美术馆

间爱意的表露，但实际上卡蒙斯将本应该有的、对某个女性的爱，迁移到了自然当中：诗的最后几句，其实读来很是暧昧，甚至令人恍惚。诗人口中的"你"可指自然，却也可看作是女性。女性所具的、引人爱慕的特点，在大自然的身上是同样体现着的。若不带邪念地考量，自然的美与人的美其实并不冲突，皆为诗人所欲，这在某种意义上也是卡蒙斯抒情诗力求的人与自然和合为一的体现。

当然，多数情况下，卡蒙斯描述自然，不会是为了称颂两句了事，而常常是要借自然"比兴"，引出主题，有时也会把自然作为倾诉乃至发泄的对象。不过，这种移情还是和上文提到的和女性共享美的情况存在着较大的区别。大自然，可以说成了"我"和"恋人"之外的第三个存在物，把前两者联系起来，并且要承受他们施加的影响。

《天上、地下、风飒飒……》一诗，同样也是面对海洋，卡蒙斯却一改在《那青山的美》里的基调，再无所谓"那沸腾的海洋，美好的地方"，而是将海洋看作愤怨、责问的对象。态度转变如此之大，是因为卡蒙斯的中国爱人，恰恰是殒谢在深海里的。

> 天上、地下、风飒飒……
> 海浪淘沙……
> 水中鱼儿入梦乡……
> 夜静天涯……
>
> 渔人奥钮在水边躺下，

风吹水岸掀起层层浪花；
他哭唤着恋人的名字，
却再也听不到她的回答。

——海浪啊，我遭受着爱情的折磨，
请把我的爱人还我，你这么早
夺去了她的生命而把我丢下。

四周寂静无回声，只有海浪在翻腾，
树枝儿轻轻摇动，
风儿把他的喊声带向无际的天空。

诗歌起首便用天、地、风、海、鱼等意象的堆叠，勾勒出供诗歌铺展所需的场景，鸿卷之内细笔不缺。但该诗意象的选择与排序，比《那青山的美》第一、二节更富规律，结合下文可知其因沿的是诗人找寻爱人时的目光。先是无垠的天地、其下是渺茫的风海。落到细处时，连鱼的情状也捕捉到了。于是，目光扫过一遍，诗中的世界便也呈现在读者面前。而诗人遍寻未果，总有些"上穷碧落下黄泉，两处茫茫皆不见"的意思，这种不断希望又失望的感觉，对中国读者来说，应是不难理解的。

第二节出现的"渔人奥钮"，即是卡蒙斯自己。徒劳的"上下求索"后，他只得在水边躺下，怀着愤怒向海浪索要心爱之人。到第三节,长久积蓄的悲愁借奥钮之口喷薄而出,而第四节里,最后收获的不过是海浪声在那虚空中的回响。

该诗的氛围,全凭自然环境烘托。萧索冷寂的海景,直接奠定了诗歌沉闷的主基调。天海寂寥贯穿始末,似构筑起一个观感宏大、实则封闭的空间,诗人的感情激荡其中,但碰到障壁,终又回弹、稀释、湮没。大自然为诗情的肆虐提供了对象、条件和无可奈何的归宿。

桑德罗·波提切利《维纳斯的诞生》
现藏于佛罗伦萨乌菲兹美术馆

大自然在卡蒙斯的抒情诗中，还有一个更为常见的用法，就是去象征、衬托、突出女性及女性所代表的爱情的美。例如《每当埃莲娜的目光离开草原》里写："绿色的牧场，成群的牛羊，这迷人的景象都归功于埃莲娜的目光。风儿变得平静，花儿争艳开放，全凭她一对目光"；《女奴之歌》里写："无论是田野的鲜花，还是夜空的繁星，同我的爱情相比，都失去美的姿容"；《蕾奥诺尔走向泉边》中写："蕾奥诺尔走向泉边，赤着双脚穿过草坛，袅袅婷婷，多么娇艳"。

读者还能从众多类似的例子中，察觉到自然与女性彼此之间的关联。自然孕育了女性的美，映衬出女性的美，也同时在分享女性的美。这种统一的关系，我们或能从同受新柏拉图主义影响的画家波提切利的名作中获得零星的启示：维纳斯从爱琴海的泡沫里诞生，她踩在贝壳上，风神将之吹上塞浦路斯的土地，花神为之披上星辰织就的锦衣。而正因这爱与美之女神的驾临，塞浦路斯有了地榆花铺遍的春天。

变化

时代变了，追求也已改变，

事物变，人心亦变；

世界之大变化万千，

孕育着新事物不断涌现。

我们每天的所闻所见，

都与我们期望的恰恰相反，

对恶事,脑海中总留下痛苦的回忆,

对善行,虽微小,却满怀留恋。

时光又为大地披上了绿装,

那大地曾一度冰雪茫茫,

对于我,甜蜜的歌儿已变成泪的海洋。

且不说每日里这些变化,

还有个变化更令人惊讶:

变化的方式也在变化……

  变化,同样也是卡蒙斯抒情诗中一个非常重要的主题,诗人所处情境相异,所见所思亦不相同。以上《时代变了,追求也在改变》是《诗韵》里较为有名的一首感叹世事变迁的作品,卡蒙斯在其中将他对事物变迁的理解进行了详尽的阐述。把"变化"概念融于诗歌的作品绝不在少数,却鲜有诗歌能如这首一样,直接把"变化"完全当作议题来探讨。因此,倘要真正了解、体会卡蒙斯的抒情诗如何描述变化,这首《时代变了,追求也在改变》便是排在前面的分析对象。

  在诗的首节,卡蒙斯写了一个充斥着变化的世界:追求、事物、人心,大千世界无一物不在更易。究其缘由,诗人认为是时代在变,时间在变。从中我们也多少能够窥见诗人世界观这座冰山的一角,在他看来,时间是万物的基点与根源,牵系事物的本质,时间的变化联动着世界整体一并变化。

时间意识的形成，标志着人类对这个世界，较之一般生物有了更加深刻、透彻的认知。当古希腊人创造出克洛诺斯作为仅次于乌拉诺斯和盖娅两位创始神明的泰坦神王时，时间这一抽象概念所受到的重视已不言自明。其后，神学、哲学、物理等学科在其发展过程中也不断地给出各自对于时间的解释。依照常识来讲，卡蒙斯所言还是有一定道理的，脱离了时间便无所谓变化，变化在时间的框架下具有其意义，进而变化又使新事物的孕育成为可能。

诗人之笔，如箭矢般穿破了纷纭的众说，击中了"变化"一词的本质。时间催生变化，变化催生万物，万物复以变化存在，度去自身的时间，并赋予其各不相类的意义。而跳出第一节来总览全诗，上下各处也迸发着形而上的思想闪光。

指出了时间、物质、变化的相互联系后，第二节诗人言说的是人类在面对万有之变时自身所暴露出的弱点，或者说是人类意识层面里存在的一种惯性：身处变化间，人常汲汲于卑微的善，惴惴于忽来的恶，按诗中原话，便是："对恶事，脑海中留下痛苦的回忆；对善行，虽微小，却满怀留恋。"

借用数百年后康德的观点，诗歌的第一节关乎自然律：揭示事物的变化特性（包括时间范畴在内）就是人通过理性给自然立法的过程，无论如何所得到的结果是具有客观必然性的，比如时间流逝、事物变迁，这些都不以人的意志为转移。而相对应的，第二段对善、恶、人性的讨论，则关乎道德律，是卡蒙斯在用理性为自身立法。

但到了第三节，诗人又一次陡转了笔锋，让读者见识到了他对理性"别样"的坚守。卡蒙斯崇尚理性不假，却不会像拉美特利那样，把人看成是理性的机器，把一切行为看成是围绕理性展开的机械运动，当然这种想法也不会出现在一个竟日跃动着音步、韵律、辞格的头脑中。卡蒙斯的理性，不拒绝感情的激发，第三节便是例证。当诗人看到生命的萌动，看到"曾一度冰雪茫茫"的大地被时光披上绿装，他还是难以抑制内心感性的成分，任"甜蜜的歌儿"流成"泪的海洋"。在对哲学命题玄乎其玄的论述后，可能我们还是乐于见到一个有血、有肉、有着丰富感情的诗人形象。

第四节卡蒙斯把话题落回到"变化"上，并给出自己的全新观点："且不说每日里这些变化，……变化的方式也在变化"，深刻地指出万事万物的变动不居，让读者透过诗的云隙，幸得一瞥哲学的光辉，关于变化的思索更提高了一层：变化即运动，变化本身也在无休止地运动。

哲学范畴的"运动"，就是指宇宙中发生的一切变化和过程。它和时间一样，是个古久的命题。从赫拉克利特的万物流转论，到狄德罗的"永不枯竭的运动"；从黑格尔的"世界的发展是'绝对精神'的自我运动"，到马克思主义的"运动是物质固有的根本属性和存在方式"，"运动"问题已被反复探讨剖析千百年，并深深镌刻于人类的思维理念当中。即便在佛教中，也有《金刚经》中的名偈"如梦幻泡影，如露亦如电"来形容"有为法"的变化无常。

"大江流日夜，客心悲未央"，光阴的动变、事物的易迁，这些宏大的宿命压在渺小的头颅上,每个人难免心有恻恻,身感孤寂。昨日风景,今朝无处可寻,在《我曾经歌唱》一诗中,我们能明明白白地读出时光流淌、今昔变化下卡蒙斯的苦楚与迷茫。

> 我曾经歌唱,而现在又为那
> 我充满信心歌唱过的光阴悲伤;
> 就好像在那歌声中,
> 饱含着我的眼泪汪汪。
>
> 我曾经歌唱,但若问那是什么时光?
> 我不知道,因为我如在幻海茫茫;
> 此时我是这样的痛苦,
> 还以为那过去就是幸福欢畅。
>
> 我曾经受骗而歌唱,
> 歌唱的不是欢乐,而是幻觉;
> 我歌唱,伴奏的却是镣链的声响。
>
> 我能怨谁,既然这一切都是骗局?
> 我又何必要怪罪这幻觉,
> 既然不是我的过错,而是那忘恩负义的命运支配于我!

诗歌的前三节里，卡蒙斯对比了过去与现在，在他的感触中，过去的时光幸福欢畅，现在的处境痛苦悲伤。这种判然的变化，甚至让卡蒙斯产生了错觉，认为已所沉迷、所歌唱的过去，不过是骗局和幻象。真实的情况远非如此，曾经为其歌唱伴奏的，不是动人的音符，而是"镣链的声响"。

从《时代变了，追求也在改变》的第三节，到这首《我曾经歌唱》，暴露了卡蒙斯与柏拉图的本质区别——对待理智与情感的态度。若将尼采经典的日神酒神问题拿来让柏拉图抉择，其无疑会坚定地支持象征节制和秩序的日神阿波罗一方。柏拉图是理性虔诚的信徒，在任何时候，理性必须居于绝对优先的地位。而卡蒙斯这首诗，更符合古希腊悲剧的气质，表达的是对人生之快乐如"那星光灿烂之夜不可永留人间"的万千感慨。而诗歌的纵情、悲剧的煽情，恰恰为柏拉图所反对，他在《对话篇》里旗帜鲜明站在了悲剧作家的对立面，连叙述用的语言也不着感情、平淡如水。亚里士多德也在《诗学》中写道："在柏拉图看来，诗所描绘的是一个变幻莫测的世界，而哲学揭示的则是一个宁静安详的世界。"从此意义出发，卡蒙斯的这首《我曾经歌唱》，是他在哲学与诗歌间的挣扎、在理智与情感间的挣扎、在日神与酒神间的挣扎。

卡蒙斯与柏拉图的区别，多少也反映出某些新柏拉图主义和柏拉图主义的区别。新柏拉图主义者对柏拉图自然不是完全遵从，不然也称不上"新"，他们追求理念、理性、理式，但也接受信仰之驱使、感情之冲动，且不会因前者而去牺牲后者。所以我们才看到：那被理念排斥的幻觉、被理性排斥的哀古伤今、被理式排斥的"忘恩负义的命运支配于我"，得以在诗行间流溢。说到底，卡蒙斯是诗人，世间的变化不会让他无动于衷，否则也成就不了其伟大的诗作。

PART 3

卡蒙斯与东方

澳门白鸽巢公园草木葳蕤，曲径通幽，信步走着，会发现巨石掩映之间有一座卡蒙斯的半身像。铜像悄无声息地注视着往来的你我，不禁让人思绪翩跹，为何雕像会在此处？这位葡萄牙历史上最伟大的诗人与澳门、与东方，究竟有着怎样的渊源？

前往东方的缘由

故事应追溯到1552年的基督圣体节，在里斯本圣多明戈修道院（Convento de S. Domingo）附近的一场斗殴中，卡蒙斯用剑打伤了宫廷侍卫博尔杰斯（Gonçalo Borges）的后颈。由于在宗教节日这天扰乱秩序这一罪名，他被囚禁在里斯本的监狱里。据葡萄牙学者海尔德·马塞多在其作品《路易斯·德·卡蒙斯的从前与现在》中的陈述,直到 1553 年 3 月 7 日,国王若昂三世才以去印度服兵役三年为条件赦免了他。同月 26 日,卡蒙斯便登上了驶往印度的"圣本笃"号(São Bento)。

卡蒙斯在东方

发配果阿

在艰苦的六个月航行之后,他于 9 月初抵达了果阿,不久后的 11 月份他参与了总督在马拉巴沿海地区部署的战斗。1554 年到 1555 年间,他也参加了红海和麦加海峡的一次军事探险。果阿为诗人带来了许多新奇的感受,令他愉快,令他悲伤。印度的这段经历也为他创作《卢济塔尼亚人之歌》提供了灵感,比如史诗第十章的第 42 节写道:

> 我看见当他果断勇敢地攻占,
> 那座当地最光荣的果阿岛时,
> 胜利女神高兴地为他佩戴上,
> 一副亲手编织的光荣的花冠。
> 可是后来他迫于严酷的形势,
> 不得不忍辱负重将该城放弃,
> 以待时机东山再起将其收复,

以奇智大勇战胜命运与战神。

诗人为印度总督阿尔布克尔克攻占果阿的历史增添了几分神话色彩，极尽渲染葡萄牙人无所畏惧、骁勇善战的英雄形象，将葡萄牙的海外扩张赞美成了顺应天时的壮举。

远航澳门

据说 1556 年他因为写诗讽刺果阿的葡萄牙贵族而激怒了总督弗朗西斯科·巴雷托，被安排到澳门担任"死亡事务专员"，这次派遣实则是一种流放。当时葡萄牙的商业在中国蓬勃发展，不少死去的葡萄牙商人在当地遗留下了大笔的财富，在那些葡萄牙政府鞭长莫及的地方，需要一个专门机构来进行遗产的妥善收集。总督知道卡蒙斯无所畏惧，精力充沛，便派他在那些危险的地方负责恢复行政管理。为了避开八九月份的台风，卡蒙斯在同年 3 月便启程前往中国。

在澳门期间，卡蒙斯利用他充裕的闲暇时间来创作《卢济塔尼亚人之歌》，传说诗人就是在位于凤凰山上的花园别墅撰写了关于葡萄牙的壮丽诗篇，回国之后受到了王室的赏识，享誉无数。好景不长，有人指控他以权谋私挪用公款，1560 年初他被勒令返回果阿。同年 3 月，他在湄公河河口遭遇了海难，他自己获救了，还未完成的《卢济塔尼亚人之歌》手稿也被保存下来，但他的中国情人、也是他流放期间最忠实的伴侣不幸溺水而死。卡蒙斯称她为蒂娜美娜，在一首十四行诗中他这样缅怀道：

啊,迪娜梅内①,你怎可

将至死钟爱你的人轻抛!

啊,我的宁芙,你离我而去!

将这样的生活匆匆鄙弃!

一去不复返的你

知否那天涯孤客的飘零?

碧波绿浪将你庇护,

莫非你再看不见断肠人的忧愁?

你留给我的,是死神的

折磨,你过早让我身穿黑衣,

在你的双眼中安息!

大海啊!苍天啊,我的苦运多么不幸!

我品尝的痛苦太多

孤雁哀鸣,岂如告别人间?

后来,他与柬埔寨的佛教徒一起生活了一段时间,又辗转到了马六甲,最终于1560年秋天回到了暌隔四年半的果阿。

---

① 即蒂娜美娜。

返回果阿

从澳门回到果阿之后,卡蒙斯债务缠身,生活漂泊不定,但他无所畏惧,决心要不卑不亢地活着。幸运的是,他得到了总督布拉干萨(D. Constantino de Bragança)和雷东多伯爵(Conde de Redondo)的继任者库蒂尼奥的赏识,终于在1562年摆脱了债务,生活情况逐渐得到改善。卡蒙斯在印度结交的朋友多是文人骚客,这也是他为什么有理由对那些迫害自己的人说:"不懂艺术的人不尊重它。"在东方深一脚浅一脚地走过十七年光阴后,思乡之情和在首都发表《卢济塔尼亚人之歌》的愿望无疑是他最终决定离开果阿返回里斯本的主要原因。

关于澳门问题的学界讨论

值得一提的是,如今,研究卡蒙斯的学者们对于诗人是否去过澳门以及他在中国担任的职务有着诸多讨论。英国学者克莱夫·威利斯(Clive Willis)认为卡蒙斯在16世纪50年代末住在澳门,澳门成为葡萄牙的一个贸易据点后,他被总督弗朗西斯科·巴雷托任命为"死亡事务专员",但无法判断他是否在洞穴中创作。同时,他也提出了一些疑问,《卢济塔尼亚人之歌》的第十章的97—138节提到了与葡萄牙的亚洲扩张相关的许多地名,比如"你看哺育柬埔寨的湄公河/这个名字之意是众水之神","你看那座难以置信的长城／就修筑在帝国与邻国之间",“你再远望那座锡兰的山峰／云雾笼罩着它的重峦叠嶂"等,却并未提及澳门这一对于葡萄牙而言应该是最有利可图的东方贸易中心。

关于传说中卡蒙斯担任的"死亡事务专员"一职,葡萄牙学者洛瑞罗(Rui Manuel Loureiro)在其作品《史学家之谜:贾梅士在澳门》中指出葡萄牙只在印度首都设置了这样的职位,通常由法律专业的毕业生担任,尽管卡蒙斯学识过人,但他似乎并不具备这种资格。即使在特殊情况下,像诗人这样的普通士兵也无法胜任。他还指出虽然在当时葡萄牙人曾远涉东方海域的背景下,卡蒙斯遭遇的海难貌似真实可信,但在时间或空间上此事都没有足够的文献记载。他提到,尽管16世纪中叶许多葡萄牙人到过中国,卡蒙斯的中国之行还是难以查考。处理亡者以及失踪者事务的官员一职也与16世纪葡萄牙海外管理的职位分配制度不符。此外,虽然诗人和中国女人的爱情完全符合当时葡萄牙人与亚洲人之间的社会交往模式,但也只是一种猜测。洛瑞罗总结道:卡蒙斯"可能"去了中国海域旅行,"可能"在暹罗湾沉船,"可能"在旅途中有一位中国女伴陪同,但他一定没有担任过处理亡者以及失踪者事务的官员,也没有在澳门居住多年,更没有在澳门的洞穴中创作过他的著名史诗。然而直到出现新的文献之前,卡蒙斯的中国之行仍然扑朔迷离。

生活在一个葡萄牙社会处于转型之中的年代,卡蒙斯在违反公序良俗被捕入狱之后,不得不远涉重洋去印度服兵役,在东方度过了十七年流放的日子。因此,他也是第一位长期直接接触非洲、东方等不同地区文化的欧洲诗人。卡蒙斯以渺小启程,却以伟大结束,尺幅之间难以道尽他与东方的渊源,许多未知也等待着进一步的考证。高山仰止,景行行止,探索卡蒙斯与东方的联系也是理解诗人精深思想的一点尝试。

PART 4

卡蒙斯经典名段选摘

卡蒙斯在世时，可谓颠沛流离，终究未能获得与他文学才华相匹配的崇高社会地位。在宫廷中，诗人情感的抒发全靠诗歌和戏剧的创作。因此，卡蒙斯能流传于世的名言名句，尽数来自于他的作品《卢济塔尼亚人之歌》及十四行诗等诗歌。以下我们从繁密的诗丛中挑选出了一些卡蒙斯传颂程度较高的名句名段，并给出其出处，以供读者阅读与欣赏。

É fraqueza entre ovelhas ser leão.
羊群里充雄狮实属软弱。

出自《卢济塔尼亚人之歌》第一章 68 节

As bombas véem de fogo, e junctamente
As panellas sulphureas, tam damnosas:
Porém aos de Vulcano não consente
Que deem fogo às bombardas temerosas:
Porque o generoso animo e valente,
Entre gentes tam poucas e medrosas
Não mostra quanto pode: e com razão;
Que é fraqueza entre ovelhas ser leão.

他让摩尔人看他的大炮，
还有盛满火药的大铁锅，
却不赞同武尔坎的勇士①，
发射猛烈而可怕的炮火。
宽宏大量慷慨勇敢的人，
面对如此少数的胆怯者，
的确不该显示全部威力，
羊群里充雄狮实属软弱。

① 指炮兵。

葡萄牙史诗巨匠：卡蒙斯

Onde a terra se acaba e o mar começa.
陆地终于斯,海洋始于斯(陆止于此,海始于斯)。

出自《卢济塔尼亚人之歌》第三章 20 节

Eis aqui, quase cume da cabeça
De Europa toda, o Reino Lusitano,
Onde a terra se acaba e o mar começa,
E onde Febo repousa no Oceano.
Este quis o Céu justo que floresça
Nas armas contra o torpe Mauritano,
Deitando-o de si fora, e lá na ardente
África estar quieto o não consente.

就在这欧罗巴之首的前额,
卢济塔尼亚王国岿然屹立,
陆地终于斯,海洋始于斯①,
福波斯从这里沉入大西洋。
公正的上天要让这个民族,
发祥于与摩尔人的战争中,
把那些愚夫赶出伊比利亚,
在炎热的非洲也休想偷生。

---

① 在葡萄牙特茹河入海口以北,有一海角伸入大西洋,是欧洲大陆最西端。海角上立一碑碣,上镌卡蒙斯这一诗句。游葡萄牙者,多至此留念。如"天涯海角"。

Quanto mais pode a fé que a força humana.
信仰的力量远远超过人力。

出自《卢济塔尼亚人之歌》第三章 111 节

Qual o membrudo e bárbaro gigante,
(Do rei Saul, com causa, tam temido)
Vendo o pastor inerme estar diante
So de pedras, e esforço apercebido;
Com palavras suberbas, o arrogante
Despreza o fraco moco mal vestido,
Que rodeando a funda, o desengana
Quanto mais pode a fé que a força humana.

那个四肢强壮的野蛮巨人，
（萨沃尔王怕得有情可原）
看见手无寸铁的青年牧人，
只凭借石块和一身的勇力。
他蔑视衣衫褴褛的青年人，
傲慢的巨人口吐不逊狂言，
青年拉满弹弓给他以教训，
信仰的力量远超过人力。

Um fraco rei faz fraca a forte gente.
弱王之下，无复强民。

出自《卢济塔尼亚人之歌》第三章 138 节

Do justo e duro Pedro nasce o brando,
(Vêde da natureza o desconcerto!)
Remisso, e sem cuidado algum, Fernando,
Que todo o reino poz em muito aperto:
Que, vindo o Castelhano devastando
As terras sem defesa, esteve perto
De destruir-se o reino totalmente;
Que um fraco rei faz fraca a forte gente.

可是公正而严厉的佩德罗，
他的儿子[①]却疏懒而又软弱，
人间之事正是如此不和谐，
费尔南多使王国陷入危机。
卡斯提亚人乘虚大举入侵，
席卷了大片无防备的国土，
葡萄牙王国几乎沦丧殆尽，
真是弱王之下，无复强民。

① 指费尔南多（D. Fernando，1345—1383），葡萄牙第九代国王。

Quem não sabe a arte, não a estima.
不学无术又怎能崇尚文学?

出自《卢济塔尼亚人之歌》第五章第 47 节

Enfim não houve forte capitão,
Que não fosse também docto e sciente,
Da lácia, grega, ou barbara nação,
Senão da portugueza tamsomente.
Sem vergonha o não digo, que a razão
D'algum não ser per versos excelentes,
É não se ver presado o verso, e rima;
Porque, quem não sabe a arte, não a estima.

无论拉丁、希腊还是蛮族,
从未见过任何强大的统帅,
不是智慧超群、才华横溢,
只有在葡萄牙是特殊之例。
说到此处我的确感到羞愧,
这里无人因诗歌声名卓著,
只因诗歌不受到人们重视;
不学无术又怎能崇尚文学!

Que destino tam grande, ou que ventura, vos trouxe a commetterdes tal caminho?
是何其伟大不凡的命运使你们向这种征途挑战？

出自《卢济塔尼亚人之歌》第七章 30 节

Elle começa: O' gente, que a natura
Visinha fez de meu paterno ninho,
Que destino tam grande, ou que ventura,
Vos trouxe a commetterdes tal caminho?
Não é sem causa, não, occulta e escura,
Vir do longinquo Tejo, e ignoto Minho,
Per mares nunca d'outro lenho arados,
A reinos tam remotos e apartados.

他说：大自然使你们
成为我那故国的邻人，
是何其伟大不凡的命运
使你们向这种征途挑战？
一定是光明磊落的原因，
使你们远离强国的让河，
越过从未见过航船的海面，
来到如此偏僻遥远的国家。

Alma minha gentil, que te partiste tão cedo desta vida descontente.
我的心灵呀，你怏怏不乐地这么早就抛弃了人生。

出自《我的心灵呀》（十四行诗）

  Alma minha gentil, que te partiste
  tão cedo desta vida descontente,
  repousa lá no Céu eternamente,
  e viva eu cá na terra sempre triste.

  Se lá no assento etéreo, onde subiste,
  memória desta vida se consente,
  não te esqueças daquele amor ardente
  que já nos olhos meus tão puro viste.

  E se vires que pode merecer te
  algüa causa a dor que me ficou
  da mágoa, sem remédio, de perder te,

  Roga a Deus, que teus anos encurtou,
  que tão cedo de cá me leve a ver te,
  quão cedo de meus olhos te levou.

我的心灵呀，你怏怏不乐地
这么早就抛弃了人生，
永远地安息在天堂，
留下我在世间孤雁哀鸣。

倘若你在天上，
能够回忆起人间的苦乐，
切莫要忘记那火热的爱，
我眼中包含的一片痴情。

倘若你能感到
我失去你的痛苦，
尚值得你的爱怜。

请求求天主，是他将你的妙龄缩减，
但求他也早日带我到你的身边，
就像他过早地把你夺去，从我眼前。

Vendo-vos, olhos sobejão, não vos vendo, olhos não são.
但当把你凝望，我便有一千双眼睛，
当你不在身旁，我便双目茫茫。

出自《失去眼睛的我》（五七音节诗）

Sem olhos vi o mal claro,
Que dos olhos se seguio:
Pois cara sem olhos vio
Olhos, que lhe custão caro.
D'olhos não faço menção,
Pois quereis que olhos não sejão;
Vendo-vos, olhos sobejão,
Não vos vendo, olhos não são.

失去眼睛的我，看得分明，
你的目光冷若冰霜，
被叫作"瞎眼"的人清楚，
一双明眸对他是何等重要。
切莫再提什么眼睛，
因为我没有你要的英目炯炯；
但当把你凝望，我便有一千双眼睛，
当你不在身旁，我便双目茫茫。

Ela só, quando amena e marchetada saía, dando ao mundo claridade.
只有黎明，温柔而灿烂，冉冉升起，为世界带来光芒。

出自《那快乐而又忧伤的黎明》（十四行诗）

Aquela triste e leda madrugada,
cheia toda de magoa e de piedade,
enquanto houver no mundo saudade,
quero que seja sempre celebrada.

Ela só, quando amena e marchetada
saía, dando ao mundo claridade,
viu apartar-se duma outra vontade,
que nunca poderá ver-se apartada.

Ela só viu as lágrimas em fio,
que de uns e de outros olhos derivadas,
se acrescentaram em grande e largo rio.

Ela ouviu as palavras magoadas
que puderam tornar o fogo frio
e dar descanso às almas condenadas.

那快乐而又忧伤的黎明，
充满着忧虑和悲怜，
如果人世间尚有怀念，
我愿与它日夜相伴。

只有黎明，温柔而灿烂，
冉冉升起，为世界带来光芒。
却看到有情人难成眷属，
被命运驱赶各自西东。

她看到那恋人热泪盈眶，
珠泪涟涟，
汇成江河，浩渺无边。

她听见惜别话儿令人断肠，
哪怕烈火也变得冷凉，
哪怕铁石心肠也会悲伤。

Da alma e de quanto tiver quero que me despojeis, contanto que me deixeis os olhos para vos ver.
我的心灵和我的一切我都愿你拿去，只求你给我留下一双眼睛让我能看到你。

出自《我的心灵和我的一切》（五七音节诗）

Da alma e de quanto tiver
quero que me despojeis,
contanto que me deixeis
os olhos para vos ver.

Cousa este corpo não tem
que já não tenhais rendida.
Depois de tirar-lhe a vida
tirai-lhe a morte também.
Se mais tenho que perder,
mais quero que me leveis,
contanto que me deixeis
os olhos para vos ver.

我的心灵和我的一切
我都愿你拿去，
只求你给我留下一双眼睛
让我能看到你。

在我身上
没有不曾被你征服的东西。
你夺去了它的生命
也就将它的死亡携去。
如果我还需要失掉什么，
但求你将我带去，
只求你给我留下一双眼睛
让我能看到你。

Que estranho caso de amor, que desejado tormento.
爱情这怪物，希望中充满着痛苦。

出自《我心灵中的苦恼》（格言诗）

A dor que a minha alma sente
não na sabe toda a gente!

Que estranho caso de amor,
que desejado tormento:
que venho a ser avarento
das dores minha dor!
Por me não tratar pior,
se se sabe, ou se se sente,
não na digo a toda a gente.

Minha dor e a causa dela
de ninguém a ouso fiar:
que seria aventurar
a perder-me ou a perdê-la.
E pois só com padecê-la
a minha alma está contente,
não quero que o saiba a gente.

Anda no peito escondida,
dentro n'alma sepultada;
de mim só seja chorada,
de ninguém seja sentida.

Ou me mate ou me dê vida,
ou viva triste ou contente,
não ma saiba toda a gente.

我心灵中的苦恼,
人们并不知道!

爱情这怪物,
希望中充满着痛苦,
我不愿向任何人
流露我心中的苦恼。
为了免遭更坏的对待,
即使已经感到情由,
我也不能把心事向人流露。

我的痛苦,有根有源,
我没有勇气向别人倾诉,
因为这将是一种冒险,
不是失去她,就是一命归天。
只有当我感受到这种痛苦,
我的心灵才感受到一丝的甘甜,
我不愿人们知道我的心酸。

它埋藏在我的心底,
在我的心灵中安息。
只有我为它哭泣,
再无人深知底细。

你不给我生命,那就让我死去;
你不给我幸福,生活就失去意义,
我不愿人们知道这痛苦的秘密。

Vede esta mudança se está bem perdida em tão curta vida tão longa esperança!
你看这变化，是否已经割断
这短短的生命之中那长长的思念！

出自《我的相思呀》（格言诗）

Saudade minha

quando vos veria?

Este tempo vão,

esta vida escassa,

para todos passa,

só para mim não.

Os dias se vão

sem ver este dia

quando vos veria.

Vede esta mudança

se está bem perdida

em tão curta vida

tão longa esperança!
Se este bem se alcança,
tudo sofreria,
quando vos veria.

Saudosa dor,
eu bem vos entendo;
mas não me defendo,
porque ofendo Amor.
Se fôsseis maior,
em maior valia
vos estimaria.

Minha saudade,
caro penhor meu,
a quem direi eu
tamanha verdade?
Da minha vontade,
de noite e de dia
sempre vos veria.

我的相思呀
何日才能见到你!

光阴这么空虚,
生活这么乏味,
人人都这样生活,
只有我过不下去。
时光流逝,
但同你相会的日子
却一去不复回。

你看这变化,
是否已经割断
这短短的生命之中
那长长的思念!
即便是如愿以偿,
要想见到你,
我还得经受各种磨难。

相思的痛苦
我有所体验，
但我无能为力，
因为是我将爱火点燃。
这痛苦愈深，
对你的爱慕之心
就愈加纯真。

我的相思啊，
我可爱的债主，
这满腔的真情，
我能向谁倾诉？
这就是我的愿望：
日日夜夜，
有你伴在身旁。

De amor e seus danos me fiz lavrador.
是我播下了爱情，也埋下了祸种。
Amor nunca vi que muito durasse que não magoasse.
我从未经历过这种爱情，它始终如一，从没有痛苦产生。

出自《有谁能告诉我》（格言诗）

Quem ora soubesse
onde o amor nasce,
que o semeasse!

De amor e seus danos
me fiz lavrador;
semeava amor
e colhia enganos;
não vi, em meus anos,
homem que apanhasse
o que semeasse.

Vi terra florida
de lindos abrolhos,
lindos para os olhos,
duros para a vida;
mas a rês perdida
que tal erva pasce
em forte hora nasce.

Com quanto perdi
trabalhava em vão:
se semeei grão,
grande dor colhi.
Amor nunca vi
que muito durasse
que não magoasse.

有谁能告诉我，
爱情在哪儿产生，
是谁把爱情播种！

是我播下了爱情，
也埋下了祸种。
播下的是爱
得到的却是爱人愚弄。
在我这一生中，
还不曾见过哪一个男子
得到过他播种的爱情。

我看到盛开的花朵，
四周荆棘丛生，
花儿虽然鲜艳夺目，
对人生却如此无情。
孤独的人儿
依花为生，
此时此地，如此不幸。

我劳而无获，
到头来两手空空，
播下种子一粒，
却收得痛苦终生。
我从未经历过这种爱情，
它始终如一，
从没有痛苦产生。

Que poderei do mundo já querer, que naquilo em que pus tamanho amor.
世界上我还能有什么追求，我已耗尽了满腔的爱。

出自《世界上我还能有什么追求》（十四行诗）

Que poderei do mundo já querer,
que naquilo em que pus tamanho amor,
não vi senão desgosto e desamor,
e morte, enfim, que mais não pode ser!

Pois vida me não farta de viver,
pois já sei que não mata grande dor,
se cousa há que mágoa dê maior,
eu a verei, que tudo posso ver.

A morte, a meu pesar, me assegurou
de quanto mal me vinha; já perdi
o que (a) perder o medo me ensinou.

Na vida desamor somente vi,
na morte a grande dor que me ficou:
parece que para isto só nasci.

世界上我还能有什么追求,
　　我已耗尽了满腔的爱,
得到的只不过是失意与忧愁,
　　看起来,只有死才是尽头。

　　然而我并未厌弃人生,
也知道我还不至死于悲痛。
如果说还将有更大的苦难,
　　我甘心忍受,苦中求生。

死神已紧紧地抓住了我的身躯,
　　倒霉的事儿接踵而至,
　　可是我已没有丝毫恐惧。

　　人生对于我只有烦恼,
即使死这痛苦也要伴我到阴曹,
　　看起来,我活该如此命难逃。

Numa hora acho mil anos, e é de jeito que em mil anos não posso achar uma hora.
一小时犹如一千年,而一千年也难有那一小时的欢畅。

出自《我人虽在而心神不定》(十四行诗)

Tanto de meu estado me acho incerto,
que em vivo ardor tremendo estou de frio;
sem causa, juntamente choro e rio;
o mundo todo abarco e nada aperto.

É tudo quanto sinto, um desconcerto;
da alma um fogo me sai, da vista um rio;
agora espero, agora desconfio,
agora desvario, agora acerto.

Estando em terra, chego ao céu voando;
numa hora acho mil anos, e é de jeito
que em mil anos não posso achar uma hora.

Se me pergunta alguém porque assim ando,
respondo que não sei; porém suspeito
que só porque vos vi, minha Senhora.

我人虽在而心神不定，
激情荡漾而又周身寒冷。
我无端地哭泣转而又发笑，
世界虽属于我，而我却两手空空。

世上的一切都难以捉摸，
心灵中烈火燃烧而眼泪成河。
我时而希望，时而沮丧，
时而狂乱，时而斟酌。

我虽然在地上，而心却在九天飞荡，
一小时犹如一千年，
而一千年也难有那一小时的欢畅。

如果有人问我为什么会这样，
我无从回答，但是心里想：
只是因为见到了你呀，我可爱的姑娘。

结　语

卡蒙斯的作品，凝结了葡萄牙民族品格的精粹，也为广大中国读者开启了一扇了解葡语文学的重要窗口。他的抒情诗，至今是葡萄牙人民传诵的经典，也是作家们膜拜的典范；而他的巨著《卢济塔尼亚人之歌》，更是凭借着宏大的叙事、优美的文辞和真挚强烈的爱国情感，为所有阅读它的人提供了一次绝妙的阅读体验，标志着葡语诗歌创作的最高峰。相信无论何时，读诗之人都会被主人公达·伽马身上彰显的人性光芒震撼、折服。

基于卡蒙斯在葡语文学中的重要地位，本书的撰写力求做到专业性和普及性的兼顾，既确保引用出处的翔实优质和文本评论的精准到位，也希望能有更多的读者通过书中的描述对卡蒙斯的诗作实现相对全面的了解，甚至能出于兴趣而亲阅相关著作。当然，对文学作品的评价往往见仁见智，我们不排除本书的一些观点或会与读者所想，甚至与卡蒙斯的本意存在龃龉，但如果读者能在阅读中成就思考和表达的激发，进而形成自己不同的观点，那么我们的编写目标也将以另一种形式达及。我们也将有幸借由一本书籍，理想且光荣地完成一段横绝时空,将作者、编者和读者连接起来的奇妙对话,这其实更加重要,因为思想的生发、碰撞与递进,往往比叙述本身更富有价值。

最后,让我们回到全书的重头戏《卢济塔尼亚人之歌》上来。品评千万言后,我们有必要对这部作品所传递的价值观再做一次注脚式的强调。之所以强调,是因为当我们深挖这部史诗下的夯土时,会发现很多有争议的东西。倘不理解适当,则种种矛盾的感问必然会在阅读过程中纷至沓来,比如:我们为什么要读一首"粉饰"殖民行为的诗;卡蒙斯是否明目张胆地进行着宗教和种族歧视;诗歌是不是在宣扬神灵崇拜这样的封建迷信;等等。

因而理智的读者当认清文学品评该处何种之角度,持何种之态度。

第一,文学作品重在塑人物、说故事,没有任何义务永远要将所写之人、所述之事置于完美无缺的伟大境地,否则我们无法解释大量文学名著的逻辑:无法解释为什么《红字》故事的底是教士的通奸;无法解释为何《欧也妮·葛朗台》要去写一个以贪欲吝啬著称的家庭;无法解释《麦田里的守望者》怎会倾全部之笔触去勾画精神的颓败荒芜。因此,"卫道士"式的阅读实不可取。人物塑得活,故事说得好,是文学创作的根本。

第二,文学作品的解读需时刻换位思考,即结合作者创作的时代背景和作品中人物所处的具体环境来评价,而不是以唐朝的眼光看汉朝的人,用宋朝的想法套唐朝的事。卡蒙斯作为与达·伽马几乎同时代的葡萄牙人，比起抨击殖民，难道歌颂国人航海不更切合实际得多？诚然，我们并不是要让殖民与歧视变得合理化，进而消解一些基本的道德准则，而是呼吁以一种具体、科学和辩证的观点对待文学作品的主题与创作行为。

总而言之，阅读卡蒙斯，勇敢、坚毅、诚挚、不畏艰险等这些人类至为可贵的精神品质应该是每一位读者注目的重点，这也是《卢济塔尼亚人之歌》之所以流传千古的原因。人类前行的历史，需有伟大的勇者拓路，也需有伟大的作家记录。